魔力说服

[美] 乔纳·伯杰 著
Jonah Berger

靳婷婷 译

北京联合出版公司
Beijing United Publishing Co.,Ltd.

献给每一位曾被语言的力量折服的人。

序言

1

调动身份认同和能动性

2 传达信心

问对问题 3

4

利用具象性

激发情感

5

6

利用相似性（和差异性）

语言的启示

7

后记

附录
自然语言处理应用参考指南

致谢

序言

　　我们的儿子贾斯帕在 1 岁多的时候开始说"请"这个字，或者至少是尝试着说这个字。当时的他还不会发"ng"音，所以听起来像是在说"起"，尽管如此，这也足以让我们听懂他的大意了。

　　孩子用到这个字，这件事本身没有什么惊人之处。毕竟，在 6 个月大的时候，大多数孩子都能识别基本的发音，1 岁左右的孩子，通常会说一到三个字。

　　然而，值得注意的是他使用这个字的方式。

　　他会表达某种想要得到的结果或物件，比如"高"（抱高）、"栓"（酸奶）或"中用"（他的棕熊玩具），然后停下来等待结果。如果他能马上如愿以偿，便心满意足，什么也不说了；但若是没有得到想要的东西，或是看到大人似乎正忙于其他而没有立即满足他的需求，他便会直视着你的眼睛，点点头，说出"起"这个字。

随着贾斯帕年龄的增长，他的词汇量也在增加。他会谈论喜欢的动物（"恐恐"，指恐龙），想做的事情（"嗖"，指滑滑梯），并开始学着数数（"二"）。他甚至在"起"之后加上了"嗯"，表示他是认真的。比如，"栓""起""嗯"，翻译成成人用语，就是"没错，我要酸奶……我是认真的"。

但是，"起"这个字非常特别，因为这是贾斯帕第一次意识到文字的威力。文字可以驱动行动。如果他想要什么东西却迟迟得不到，加上"起"这个字，就能让他如愿以偿，或者至少增加如愿以偿的概率。

就这样，贾斯帕发现了他的第一个魔力词语。

我们所做的每一件事，几乎都会涉及语言。我们用词语来交流思想，表达自我，与所爱的人交流互动。语言是领导者的领导工具，是销售员的销售工具，也是父母抚养孩子的工具。语言是教师的教学工具，是政策制定者的治理工具，也是医生沟通病情的工具。就连我们内心的想法，也要依赖语言。

根据一些人的估计，我们每天大约会使用 16000 个单词[1]：我们写电子邮件，制作演示文稿，与朋友、同事和客户交谈，我们在婚恋网站上编写自己的个人档案，与邻居聊天，与伴侣沟通交流，看看他们的一天过得如何。

虽然我们时常用到语言，却很少对语言的具体内容进行思

1　一个英文单词大约等于两个汉字。

考。当然了，我们可能会考虑想要传达的想法，但却很少斟酌用来传达这些想法的具体词语。干吗费这份心呢？反正，很多单词似乎都可以互换着使用。

拿你刚读过的段落为例。虽然句中使用"具体"来指代词语，但也完全可以使用"特别""特殊"或任何其他同义词。显然，表达我们的观点非常重要，但用来表达观点的具体词语却往往显得无关紧要。我们会随机选择用词，或是任意使用浮现在脑海中的词语。

但事实证明，这样随意听信直觉的做法不仅错误，而且是大错特错的。

改变世界的词汇

20 世纪 40 年代，单独一个词语就拥有足以颠覆世界的力量。每当灾难来临或是坏人威胁要摧毁我们所知的生活时，漫画中的少年比利·巴特森[1]（Billy Batson）就会大喊一声"沙赞！"，变身为拥有神力和神速的超级英雄。

这种充满魔力的咒语自古就已存在。从"急急如律令"和"唵嘛呢叭咪吽"，到"芝麻开门"和"疾疾，护法现身"，魔术师、巫师和各路英雄都曾用语言召唤过神秘的力量。如同蛊惑人

1　美国 DC 漫画旗下的超级英雄，初次登场于《天才漫画》（*Whiz Comics*）第 2 期。——译者注

心的咒语一般，通过巧妙使用，某些词语便能拥有改变任何事情或达成任何目的的神力，让听者无力抗拒。

显然，这些咒语只存在于虚构世界，不是吗？事实并不完全如此。

20 世纪 70 年代末，哈佛大学的研究人员在纽约市立大学图书馆找到一些使用复印机的人，请他们帮了个忙。

众所周知，纽约拥有生机勃勃的文化、丰富可口的美食，还是一个多元化人口的大熔炉。但要论友善程度，就有所欠缺了。纽约人以语速快、工作努力和不停奔忙而闻名。因此，想让他们因为帮助陌生人而给自己添麻烦，绝对是件费劲的事。

这群研究人员想要探寻说服力背后的驱动因素。在实验中，研究团队中的一名成员在图书馆的一张桌子旁等着人来复印。当想要复印的人把材料放在机器上时，研究人员便会进行干预，走到这位毫不知情的实验对象身边，打断对方在做的事，要求插队使用机器。

研究人员尝试了不同的方法。有些人会直接提出要求："不好意思，我有五页纸要复印，能用一下复印机吗？"而另一些人则加上了"因为"这个词："不好意思，我有五页纸要复印，能用一下复印机吗？因为我要赶时间。"

这两种方法几乎没有什么差别。在两种方法中，研究人员都礼貌地说了声"不好意思"，都要求使用机器，也都指出需要复印五页纸。另外，这两种方法提出的要求也是一样的：想让使用复印机的人不得不停下手中的工作，把材料从复印机上拿下来，然后百无聊赖地干等着，让别人插队。

然而，这两种相差无几的方法却得到了截然不同的效果。加上"因为"这个词，同意研究人员插队的人数飙升了50%。

区区一个词就使说服力飙升50%，这种效果堪称惊人。但公平地说，你的确可以提出，这两种方法的不同不仅在于一个单词。毕竟，加入"因为"这个词的表达中不仅包含了这个单词，还附带了请求的原因（请求者赶时间）。

所以，与其说是"因为"这个词提升了说服力，不如说是请求的理由非常充分。提出请求的人说自己很赶时间，而不知情的实验对象并不赶时间。因此，他们之所以答应，或许只是出于礼貌或助人为乐而已。

但事实并非如此。因为，研究人员还尝试了另一种方法。对于第三组实验对象，研究人员表述的理由不仅不充分，而且毫无根据："不好意思，我有五页纸要复印，能用一下复印机吗？因为我要复印。"

这一次，提出请求一方的理由没有补充任何新的信息。毕竟，使用复印机的要求已经很清楚地表明了复印的需求。因此，即便加上"因为"这个词，也不该有什么用处。如果给出合理的理由能够提高说服力，那么，表达自己要用机器是为了复印，是不应该起到什么作用的。事实上，这个没有意义的理由甚至可能降低说服力，让对方不愿同意。

然而，实际情况却并非如此。加入毫无意义的理由不但没有削弱说服力，效果反而和真实理由无异，让说服力不减反增。理由本身在某些时候并不是说服他人的驱动因素，在理由之前出现的"因为"两字，才是增加说服力的秘诀所在。

"复印机研究"只是验证魔力词汇威力的一个例子。说"推荐"而不是"喜欢"某种事物，会让人们接受建议的可能性增加 32%。在婚恋网站资料中使用宾语形式的"谁"（whom），会让男性成功约到对方的可能性增加 31%。在求职信中添加更多的介词，会让获得工作的可能性增加 24%。在描述一种产品时，相比于使用缩写的"不是"（isn't），使用正规形式的"不是"（is not），会让顾客多花 3 美元购买。在财报电话会议中使用的语言能够影响公司的股价，而首席执行官使用的语言也会对投资回报产生影响。

那么，我们是怎么获知以上这些信息的呢？答案来自新的语言科学。机器学习、计算语言学和自然语言处理方面的科技进步，加上从求职信到对话交流等各个领域的数字化，彻底颠覆了我们分析语言的能力，也让我们获得了前所未有的洞见。

对于我来说，使用自动文本分析的契机纯属偶然。2005 年左右，我入职沃顿商学院教授岗位刚刚一年，正在研究流行事物疯传的原因。我们想要知道驱使人们选择讨论和分享某些事物的原因，并收集了一个包含数千篇《纽约时报》文章的数据集，其囊括了头版新闻、世界新闻，以及体育和生活方式等内容。其中的许多文章都非常值得一读，但只有少部分跻身《纽约时报》网站上转发最多之列，我们想要一探其中的究竟。

为了得出答案，我们必须要找出某些内容之所以疯传的各种因素。举例来说，《纽约时报》主页上刊登的文章或许会得到更多的关注，因此，我们便衡量了这个因素。同理，某些版块或某些作家可能拥有更多的受众，因此，我们也对这些因素进行了衡量。

　　我们尤其想要探明，某些特殊的写作方式是否会提高文章被人分享的概率。但要弄清楚这一点，就需要找到一种方法来衡量文章的特征，比如每篇文章引发了多少情感，或者包含了多少有用的信息。研究的第一步，从招募研究助理开始。感兴趣的大学生会发来邮件询问能否参与研究，而这不失为一种让他们贡献力量的简单方法。每个学生都需要读一篇文章，并通过打分来评判文章引发了多少情感。

　　这种方法非常有效，至少对于刚开始的时候而言。渐渐地，评分的文章便从几篇积累到了几十甚至上百篇。

　　但是，想要将这种方法应用于数千篇文章之中，就没那么简单了。研究助理阅读一篇文章要花一定的时间，而阅读10篇、100篇、1000篇的文章，便要花10倍、100倍、1000倍的时间。

　　我们雇请了一小批研究助理，但即便如此，进展还是很慢。此外，随着雇请人数的增加，我们对于结果的一致性越来越不确定。一位研究助理可能会觉得某篇文章很煽情，而另一位则不这么认为，我们担心这些前后不一的答案会影响结论的准确性。

　　我们需要找一种可以规模化的客观方法，一种可以衡量成千上万篇文章特征的前后一致的方法，同时不至于把我们的研究助理折腾得筋疲力尽。

我开始和一些同事讨论这件事，有人向我推荐了一款名为"语言获得和词汇计数"（Linguistic Inquiry and Word Count）的计算机程序。这款程序非常简单直白，用户只需输入一段文本（如报刊文章等），程序便会通过衡量各个方面打出分数。例如，程序可以计算一篇文章中与情感相关的词汇数量，从而判断这篇文章对于情感的偏重程度。

与研究助理不同的是，这款程序永远不会感到厌倦。此外，这款程序只用同一种方式进行打分，因此评判标准能完全保持一致。

这款"语言获得和词汇计数"程序常被人们简称为"LIWC"，就这样，这款程序便新晋成了我最喜欢的研究工具。[1]

语言的智慧

从那之后，数以百计的新工具和方法层出不穷，帮助我们计算特定术语，发掘文档中的主题以及从词语中提取知识精华。

显微镜为生物学带来了革新，望远镜为天文学带来了颠覆，同样，自然语言处理工具也改变了社会科学，让我们对各种人类

---

[1] 如果对 LIWC 感兴趣，可以参考詹姆斯·W. 彭尼贝克（James W. Pennebaker）的精彩著作《代词的奥秘》（*The Secret Life of Pronouns*）。——原注（下文注释如无说明，均为原注）

行为加以洞察。我们分析客服电话，确定了提高客户满意度的词语；我们剖析沟通交流，理解为什么某些特定的交谈方式比其他方式更加顺畅；我们也审阅了网络文章，辨识出能够吸引读者的写作方法。另外，我们研究了数千个电影剧本，找出其中一些成为大片的秘诀；我们分析了数万篇学术论文，了解如何写出具有影响力的文章；我们还查阅了数百万条网络评论，探寻语言如何对口碑产生影响。

我们解析了医患之间的互动，确定什么因素能提高服药依从性；我们分析了假释听证会，揭示什么因素能使道歉显得真诚有效；我们还仔细研究了法律论据，发现了打赢官司的秘诀。我们细心研究了数万部电视剧的剧本，寻找好故事的要素；我们还解析了超过25万首歌曲的歌词，探索热门歌曲的法宝。

在此过程中，我亲身感受了魔力词汇的力量。没错，我们所传达的内容很重要，但是，有些用词却具有其他用词没有的威力。在正确的时间使用正确的词语，可以达到改变想法、吸引听众和驱动行动的神奇效果。

那么，这些魔力词语是什么？我们又该如何充分利用它们的威力呢？

这本书揭示了语言原理背后隐藏的科学，更重要的是，这本书能教会我们如何更有效地使用语言，无论是为了说服他人、加深人际关系，还是在家庭和工作中更加如鱼得水。

具体来说，我们将讨论6种神奇的词汇：（1）调动身份认同和能动性的词汇；（2）传达信心的词汇；（3）问对问题的词汇；

（4）利用具象性的词汇；（5）激发情感的词汇；（6）利用相似性（和差异性）的词汇。

第一章　调动身份认同和能动性

语言能够表达掌握权力的是谁、承担责任的是谁，以及行为背后的意义。因此，用词的微妙变化能够带来巨大的影响。让我们一起来看看，为什么使用名词而非动词有助于说服别人；使用正确的方式说"不"如何帮助我们实现目标；当我们陷入困境，为何在对自己提问时改变一个用词便能激发创造力；为什么用第三人称指代自己可以减少焦虑，实现更有效的沟通；像"你"这样的简单用词，为何会使某些沟通更加顺畅，却使其他沟通矛盾重重。另外，我们还要探索语言为何会影响能动性和同理心，鼓励人们的行为更符合道德标准，促进人们到场投票，以及减少与伴侣之间的拌嘴。

第二章　传达信心

语言不仅能传达事实和观点，还能传达我们对这些事实和观点的信心，从而影响我们对他人留下的印象以及产生的影响力。让我们一起来探索：避免错误的用词如何让一个嘴拙的销售主管成为顶级员工；为什么律师说话的方式与其分享的事实一样重要；什么样的语言风格能让人们显得更加可靠、可信和权威；为什么人们更喜欢自信的财务顾问，即使这些人犯错的概率更大；为什么说一家餐馆"有"美食而不是"曾经有"美食更有可能吸引顾客光临。虽然确定性有时的确有益，但大家也会看到，有的时候，不确定的词语反而更有效。另外，我也会向大家介绍，为什么对存在争议的话题表达不确定能鼓励对方倾听，以及何时承认自己的局限，能让沟通者显得更值得信赖。

第三章　问对问题

在这一章中，大家将了解到提问的科学，即为什么寻求建议会让别人觉得你更聪明；为什么在约会中提出更多的问题会增加获得第二次约会的可能性；提出哪种类型的问题更有效以及如何选择适合提出的时机；如何回避敏感问题以及如何鼓励对方泄露敏感信息。我们还会探讨，夫妻档研究者开发出的屡试不爽的方法为何能够加深我们的人际关系，以及为什么问对问题有助于表达你在用心倾听。

第四章　利用具象性

这一章展示了具象性语言的力量。哪些词表示你正在用心倾听；为什么说"解决"而不是"处理"问题能提高客户满意度；为什么知识有时能成为一种诅咒；为什么说"灰色 T 恤衫"要比"上衣"更能增加销量。为了避免大家认为具象性总能万无一失，让我来告诉大家什么时机更适合使用抽象性的语言。另外，我们还会探讨为什么抽象性语言象征着权威和领导力，并且有助于初创公司筹集资金。

第五章　激发情感

第五章探讨了情感性用语为什么能抓住人心，以及如何在生活的各个方面对情感性用语加以利用。让我们一起来看看，一名22岁的实习生如何通过掌握精彩故事科学建立自己的播客帝国；为什么消极因素的加入反倒可以凸显积极因素；为什么使用情感丰富的语言可以促进某些类别产品的销售，但却对其他类别的产品毫无效果。大家将学会如何吸引人们的注意，甚至用似乎不太有趣的话题激起人们的兴趣。大家还会看到，感到自豪或开心时，人们为何难以继续耐心聆听。在本章的最后，大家将了解利用情感性用语的方法及时机，以及如何通过设计演示文稿、故事和内容，让观众兴味盎然。

第六章　利用相似性（和差异性）

这一章介绍的是具有相似性的语言。我们将会探索语言具有相似性意味着什么，以及相似性为什么有助于判断谁能在职场晋升、谁和谁能结为好友、谁会惨遭解雇，或是谁能获得第二次约会的机会等。然而，相似性并不总是一件好事。有的时候，差异性反而效果更好。让我们来一同探索，为什么有时候非主流歌曲能获得更高的人气，以及我们如何使用 Siri[1] 和 Alexa[2] 背后的人工智能量化故事的情节发展速度及覆盖的范围。读完本章内容，大家将会认识到如何关注别人的语言风格，何时使用与别人相似或不同的语言，以及如何通过更容易理解和更能引出积极回应的方式表达想法。

第七章　语言的启示

前六章的内容主要集中于讨论语言的影响，即我们如何通过使用语言变得更快乐、更健康且更成功。在最后一章，我要跟大家分享语言展露的一些强大功效。让我们来看看，研究人员如何在不阅读剧本的情况下判断一部戏剧是否出自莎士比亚之手，以及如何根据申请时使用的词语来预测谁会拖欠贷款（提示：不要相信外向的人）。另外，我们还会了解语言如何解释更广泛的社会现象。我们来看看，25 万首歌曲的分析结果如何帮助我们挖掘出一个古老问题的答案：音乐是否歧视女性（以及这种情结是否随着时间的推移有所改善）。另外，我们也会从随身摄像机拍摄的影像中看到，在警察与黑人和白人司机的交谈中，存在怎样难以觉察的偏见。读完本章内容，大家便能够更有效地使用语言来

1 　Speech Interpretation & Recognition Interface 的首字母缩写，即语音识别接口，一款内嵌于苹果 iOS 系统中的人工智能语音助手。——译者注
2 　亚马逊公司推出的一款人工智能助理。——译者注

解读周围的世界，理解语言如何揭示关于他人及其动机的信息，以及语言如何能反映难以察觉的社会刻板印象和偏见。

每一章都会着重介绍一种魔力词汇及其使用方法。有些概念非常简单，只需我们把"不能"换成"不"就行，其他概念则稍微复杂，还要涉及具体语境。

此外，本书内容侧重于更加有效地使用语言的方法，但如果大家对得出这些见解的工具感兴趣，就请查看附录中的参考指南。指南中列出了一些重要的方法，探讨公司、组织和行业可以如何使用这些方法，也提供了相应的使用经验。

无论大家是否意识到，我们人人都是作家。我们可能不会著书或写新闻文章，也不自称作家或记者，但人人都离不开写作。我们会给同事写电子邮件，给朋友发短信。我们也会给老板写报告，为客户起草演示文稿。

另外，人人也都是公众演说家。我们或许不会站在舞台上面对成千上万的观众，但都有在公共场合讲话的经历——无论是向公司做报告，还是在第一次约会时找话题闲聊；无论是鼓励捐赠者做出承诺，还是公开要求孩子打扫自己的房间。

然而，若想成为更好的作家和演说家，也就是带着目的用心与人交流，我们就必须知道如何选择正确的用词。获取别人的倾听和关注并非易事，说服对方按我们的意志做事也不简单。想要激励他人、调动创造力和建立人际关系，也需跨越种种隘碍。

但是，学会使用正确的词语能助我们一臂之力。

人们常说，有些人天生能言善辩。这种人很有说服力，魅力十足，似乎总知道该说什么。然而，我们这些没有这种天赋的人，是不是只能自认倒霉呢？

不完全是这样。

因为，成为一个伟大的作家或演说家靠的不是与生俱来的禀赋，而是可以通过学习掌握的技能。语言具有惊人的影响力，通过理解语言何时、为何以及如何发挥作用，我们便能够让语言为己所用，让自己的影响力越来越大。

无论各位是想要更加卓有成效地使用语言，还是只想了解语言运作的原理，这本书都会向你揭示答案。

1

调动身份认同和
能动性

距离硅谷熙熙攘攘的风投公司不远，在一条不起眼的小街上，坐落着一家美国最优秀的幼儿园。能进入宾幼儿园（Bing Nursery School），是每个孩子的梦想。每个教室都带有两千平方米的户外空间，配有波浪起伏的小丘、桥梁、沙池、鸡笼和兔笼。宽敞明亮的教室里满满摆放着艺术用品、积木和其他激发灵感和丰富生活的用品。就连建筑本身都是专门为孩子们打造的，为了适应孩子们的身高，窗户都特意进行了下延。

毫无疑问，这里的入学竞争非常激烈。成千上万忧心忡忡的家长削尖脑袋，想要挤进只有几百个名额的等候名单。还有一些家长极力凸显孩子早期显露的音乐才能或使用各种语言计数的能力，试图说服招生官相信孩子的才能。

然而，宾幼儿园寻找的并不是优异的孩子。恰恰相反，这家幼儿园更偏爱招收反映人口多样性的不同群体的孩子。这是因为，宾幼儿园不仅是一家教育机构，还是一所实验室。

20世纪60年代早期，斯坦福大学打算建立一所新式的实验室学校。斯坦福的教职工需要托儿服务，教育和心理学专业的研究生需要亲身实践的学习机会，因此，在美国国家科学基金会资金的资助下，斯坦福大学建造了这所顶尖的科研设施。作为模范教育机构的宾幼儿园拥有优美的室内和室外空间，除此之外，教室里的单向玻璃和独立的观察空间，也使之成为研究人员研究儿童教育的理想场所。

在此之后，宾幼儿园已经开展了数以百计的研究项目。比如说，人称"棉花糖实验"的研究就是在这里展开的，这项实验的目的，旨在测试幼儿延迟满足的能力（比如忍住不吃眼前的那颗棉花糖，以便稍后得到第二颗）。一项关于内在动机的类似研究则发现，如果对孩子已经爱做的事情（比如涂色）给予奖励，反而会降低他们在将来做这件事的可能性。

最近，一组科学家来到宾幼儿园，探索鼓励孩子助人为乐的方法。助人为乐是一件很有意义的事情，这一点不言而喻。比如说，家长会让孩子帮忙收拾碗盘，老师会让孩子帮忙整理玩具，孩子们之间也会彼此帮忙推秋千。

但是，每一个曾经想动员孩子做事的人都会告诉你，孩子并非次次都乐意"效劳"。和客户、同事一样，孩子并不总对我们想让他们做的事感兴趣。相比之下，他们更愿意玩磁力积木、在沙发上跳来跳去，或是把大厅鞋柜里所有鞋子的鞋带解开。

为了寻找方法说服包括孩子在内的对象，科学家们要求一群四到五岁的孩子去做一件他们非常反感的事情：帮忙打扫卫生。

他们要把地板上的一堆积木放进容器里，把玩具整理放好，还要把一盒打翻了的蜡笔拾起来。除此之外，为了让说服变得更有挑战，科学家特意等到孩子正在玩玩具或用蜡笔画画时才提出要求，因为在这时，他们对助人为乐尤其不感兴趣。

有些孩子只是单纯被要求帮忙。科学家教导孩子们，帮助他人是一种美德，这包括把掉在地上的东西捡起来，还包括在别人有需要时伸出援手。

然而，科学家对另一组儿童则尝试了一种有趣的干预法。孩子们听到的说辞几乎一模一样，也就是同一段关于助人为乐和如何通过各种方式助人的高谈阔论。然而，其中有一个细节是不同的。科学家并没有让孩子们"帮忙"，而是让他们成为"帮手"。

这样的差异微不足道，小到或许根本难以察觉。从很多方面来说，这么想的确有道理。这两种请求都涉及相同的内容（比如捡东西），并且都使用到了"帮助"一词的某种形式。实际上，区别基本只在一个字上（一个是帮"忙"，一个是帮"手"）。

然而，尽管变化看似不值一提，但却产生了显著的差别。相比于单纯让孩子"帮忙"，让孩子成为"帮手"的请求，使得成功率增加了近 1/3。

原因是什么？为什么简单的一个字能产生如此大的影响？

原来，答案涉及动词和名词之间的区别。

将行动转化为身份

假如我跟你介绍了丽贝卡和弗雷德这两个人。丽贝卡跑步，而弗雷德是一位跑者。你觉得谁更喜欢跑步呢？

我们可以用很多方法描述某人。彼得很老，斯科特很年轻；苏珊是位女士，汤姆是位男士；查理喜欢打棒球，克里斯汀是位自由主义者；迈克爱吃巧克力，杰西卡喜欢早起，丹尼喜欢狗，吉尔爱喝咖啡。这类描述使用了年龄、性别、观点和偏好等人口统计特征，让我们对这些人的身份和概况略知一二。

然而，我们可以通过许多方法来描述同一件事。例如，有"左倾"政治信仰的人可以称为"观点自由"，也可以被叫作"自由主义者"；一个非常喜欢狗的人可以称其"爱狗"，也可以被称为"爱狗人士"。这些变化可能看起来微不足道，但对于以上两个例子，后半句描述的是一类人群。如果有人被描述为"观点自由"，那就说明他们持有"左倾"的理念，但将某人称为"自由主义者"，就意味着此人归属于某种特定的群体或类型。也就是说，他们是特定人群中的一员。

分类标签通常带有某种程度的持久性或稳定性。分类标签并不关注某人曾经或现在的行为和感受，而是暗示更深层的本质，即此人的身份。无论在何时何地，他们就是这样的人，而且一直会是这样的人。

说某人"观点自由"，意味着此人目前持有"左倾"的理念，而使用"自由主义者"这个头衔，则意味着一些更加持久的东西。如果说某人"爱狗"，表明了这个人现在的喜好；而如果说此人是"爱狗人士"，则说明此人是某种类型的人，而且永远都会这样。比如，对于可能被视为处于某种临时状态的事情（例如"莎莉没有把盘子收好"），如果使用分类标签（例如"莎莉是个懒蛋"）来表达，往往会显得更加持久或涉及本质。失败是件坏事，但成为一个失败者更糟糕。

举例来说，如果你被告知一个叫露丝的人会"吃很多胡萝卜"，把她描述为"爱吃胡萝卜的人"，会让听者认为这种习性更加稳定。听者会觉得，露丝在小时候会吃很多胡萝卜，将来会吃很多胡萝卜，即使有人试图阻挠，她也很可能会吃胡萝卜。无论是在过去还是未来，无论有没有人反对，这种行为都会持续下去。

从标签中得出的推论意义深刻，以至于人们通常会多加留心，将标签与所描述的行为区分开来。比如，在为客户争取宽大处理时，律师可能会说："他不是罪犯，只是做了一个错误的决定。"同样，一个球迷可能会说："我只是爱看比赛而已，我可不是狂热爱好者。"

在以上所有的例子中，所用的标签都涉及一种特定的词性：名词。"观点自由"是形容词，"自由主义者"则是名词。说某人"经常跑步"，是将"跑步"作动词用，而说某人是位"跑者"，就是将动作（动词）变成了身份（名词）。

研究发现，在各种话题和领域中，将行为转化为身份，能够影响到描述者在别人眼中留下的印象。例如，听到某人是个"喝咖啡的人"（相比于经常喝咖啡），或者是个"微软系统电脑爱好者"（相比于经常使用微软系统电脑），听者就会推断这个人比较喜欢咖啡或比较喜欢微软系统电脑，将来更有可能维持这种偏好，即便与周围人意见相左，也很可能会坚持下去。

把一个基于动词的描述（例如"爱喝咖啡"）改成名词性质（例如"爱喝咖啡的人"），会让人觉得这个人的态度或偏好是性格使然，因此更深刻也更稳定。这是一个人身份的一部分，而不仅仅是碰巧持有的态度。

将行动转化为身份，会影响到被描述者给他人留下的印象，这一原理有诸多用途。在简历中，相比于说自己"工作努力"，把自己描述成一个"努力工作的人"，会给人留下更好的印象。把同事称为"创新者"，而不是称其"思想创新"，也很能让别人对他们刮目相看。

然而，这一原理的影响远非如此。除了影响人们的观念之外，我们也可以利用这一原理中潜藏的思想改变人们的行动。将行动转化为身份的表达方式，可将行动表达为一种取得理想身份或成为理想自我的途径，从而说服他人扭转行动。

每个人都希望对自己有个积极的印象，想要把自己视为一个聪明、能干、魅力十足和卓有成效的人。对于积极运动、擅长知识竞猜，或是用冰箱里的食材即兴烹饪美味晚餐等技能，我们或许各有偏好，但总体来说，我们每个人都想用积极的心态看待自己。因此，我们也会努力让自己的行为契合自我印象。想要觉得自己拥有运动细胞吗？那就偶尔去跑跑步吧。想要感到富有或有地位吗？那就买辆豪车或者去异域度假吧。采取与眼中的自己相匹配的行动，规避不一致的行动，我们便能发出信号，将自己视为理想中的那种人。

这一点值得我们特别注意：如果人们想要以某种方式看待自己，那么，将某些行为当作确认理想身份的机会，可以鼓励当事人做出相应的行为。而这，就是宾幼儿园研究的切入点。

请别人帮忙时，我们经常会使用动词提问，比如"你能帮忙把积木收好吗？"或者"你能帮忙洗碗吗？"，两个问题都使用了"帮忙"这个词来提问。但是，你也可以改变这个请求的措辞，把动词变成名词。例如，与其请求别人帮忙整理积木，不如试着用一个名词来代替："你能不能当我的得力帮手，整理一下积木呢？"这个简单的转变，将一个单纯的行为（帮忙）转化成了更深一层的东西。现在，捡拾积木不只是搭把手，而且成了一个机会：一个获得理想身份的机会。

有些家长或许觉得难以置信，但大多数孩子都希望视自己为一个得力帮手。虽然他们不愿倒垃圾或做饭，但成为一个帮手，为团队做出贡献，却是他们愿意接受的积极身份。因此，将动词名词化或是换作名词来表达，就将一个单纯的行为（给别人帮忙）变成一个获取积极身份的机会（成为一个帮手）。对于我来说，捡拾积木变成了一个机会，可以向自己甚至他人展示我是一个好人。言下之意，表明我是这个优秀群体中的一员。

"要我帮忙？好吧，我能勉强同意。但是，如果给我一个跻身'得力帮手'之列的机会，那我就会不假思索地放下手中的蜡笔，帮你打扫卫生。"我们看到，宾幼儿园的孩子们就是这样做的。

把动词变成名词所产生的影响，要远远超出孩子和打扫卫生的范畴。例如在 2008 年，研究人员便利用同样的原理提高了选民投票率。投票是民主体制的关键，也是影响国家运行方式的机会，然而，仍有许多人不愿参与到投票中去。就像帮助他人一样，投票也是一件人们知道该做但并不总能落到实处的事情。他们要么太忙，要么健忘，要么就是对候选人没有什么兴趣，谁的票也不愿投。

研究人员想要知道语言能否起到作用，为此，他们没有采用普通的沟通方式（鼓励人们投票），而是另辟蹊径地套用了"选民"的说法。同样，两种方式的差异似乎微乎其微，从本质上来说，只是把"投票"这个动词换成了"选民"这个名词而已。然而，这一招非常有效，使选民投票率增长超过 15 个百分点。

将"投票"这一动作表述成一个获取"选民"这一正面身份的机会，能够鼓励更多人参与到这种行动中来。也就是说，仅仅把投票这一行为转化为一个表现自己积极特质的机会，就能让更多人参与进来。

想要得到人们的倾听？那就让对方做"倾听者"。想让人们承担领导的责任？那就让对方成为"领导者"。想让人们更卖力地工作？那就鼓励对方成为"优秀员工"。[1]

这一原理，甚至可以用来鼓励人们规避消极行为。不诚实的行为会带来高昂的代价。例如，工作场所发生的犯罪，每年会给美国企业造成超过 500 亿美元的损失。

我们经常被鼓励遵守道德或是做正确的事情，然而，使用调动身份认同的语言，可能会得到更好的效果。有研究发现，相比于"不要作弊"，"不要当作弊者"的说法，会使作弊欺诈的行为减少一半以上。如果作弊这件事与不理想的身份画上等号，人们的作弊概率就会相应降低。

想要禁止人们乱扔垃圾？那就把"请不要乱扔垃圾"的说法，换成"请不要当乱扔垃圾的人"吧。想鼓励孩子说实话吗？放弃说"不要说谎"，试着用"不要当说谎的人"这种更有效的说法吧。

这些原理甚至可以应用在自己身上。想要养成锻炼或跑步的习惯吗？那就不要说你爱跑步，而是告诉别人你是一个"跑者"，这样一来，跑步这件事便成了你的一种稳固而牢靠的"特性"，而坚持跑步的概率也会随之增加。

1　与任何有效的方法一样，在某些情况下，这样做也可能会适得其反。例如，相比于告诉孩子某个与科学相关的游戏涉及"研究科学"，表示这款游戏能让游戏者"成为科学家"，会使女孩对游戏的兴趣降低。文献作者推测，"如果孩子有理由认为自己与科学家不属于一类人（比如在科学这门学科中遇到了困难，或是对科学家形成了刻板印象）"，那么，这种与身份相关的"语言便有可能产生消极的后果。这是因为，如果孩子不再认为科学契合自己的身份，便可能选择脱离关系"。参见马乔里·罗德（Marjorie Rhodes）等人：《微妙的语言暗示可增加女孩在科学中的参与度》（"Subtle Linguistic Cues Increase Girls' Engagement in Science"），《心理科学》期刊。

其实，将行动转化为身份只是一类更为广泛的语言应用的方式。这就是调动身份认同和能动性的词语。

对于这类词语，还有另外 4 种使用方法：（1）把"不能"换成"不"；（2）把"应该"换成"能够"；（3）与自己对话；（4）找准使用第二人称的时机。

把"不能"换成"不"

语言可以鼓励人们采取理想的行动，这一点非常有趣。除了打造理想的自我形象之外，语言还有其他作用，比如表明主动权掌握在谁的手中。

每个人都有想要达到的目标。比如多运动，减轻一点体重；偿清债务或打理财务；变得更有条理，学习新的东西。或者花更多时间陪伴朋友和家人。

然而，虽然人人都有目标，也会为实现目标付出努力，但很多人却往往以遗憾告终。我们本想加强锻炼或者把财务打理得井井有条，但最终却徒劳无功。

诱惑是其中的一个重要原因。我们本想健康饮食，但同事们要出去吃比萨，如此美味不能错过；我们本想变得更有条理，但却沉浸在朋友在社交媒体发布的内容中，使得两个小时在不知不觉中耗费；尽管我们尽最大努力想要实现新年目标或是拥有新的开始，但诱惑总是如影随形。

那么，语言能帮上忙吗？

面对诱惑时，我们经常用"不能"这个词。那张深盘比萨看上去很好吃，但我正在努力保持健康饮食，所以"不能"吃。我很想和你们一起去度假，但是我要省钱，所以"不能"去。我们动辄就会说"不能"，因为这个词很容易解释不能做某事的原因。

2010年，两位消费心理学家召集了一批想要健康饮食的人参与实验，探索如何更有效地贯彻这一习惯。实验人员告诉参与者，每当面临诱惑时，他们应该使用一种具体的抵抗策略。一半的参与者需要使用常见的方式，表示"不能吃"。例如，面对巧克力蛋糕的诱惑，他们要用"我不能吃巧克力蛋糕"一类的话作为回应。

然而，另一半的参与者被要求采取稍微不同的方法：在试图抵御诱惑时，他们不会说"我不能"，而是被鼓励直接说"我不"。比如，面对巧克力蛋糕的诱惑时，他们要以"我不吃巧克力蛋糕"一类的话作为回应。

就像"帮助"和"帮手"之间的区别一样，"不能"和"不"之间的区别看似也微乎其微。事实也确实如此。两个词都带有"不"字，且都是我们经常给出否定答案的简单表达方式。

但事实证明，其中一种说法要比另一种更为有效。在回答了调查问卷上的几个问题并完成了一个不相关的实验后，参与者起身离开房间。提交调查问卷时，作为参与实验的谢礼，他们可以在两种零食中做选择：一种是巧克力棒，另一种是更为健康的格兰诺拉燕麦棒。

巧克力看起来很美味。果然，在练习说"我不能"的参与者里，有大约 75% 的人最终选择了第一个选项。而在练习说"我不"的参与者当中，选择巧克力棒的人数减少了一半。用"我不"代替"我不能"，能够提高人们避免诱惑和坚持目标的能力。

科学家们进行了进一步的深挖，他们发现，"我不"的说法之所以更有效，是因为这种说法带给人们的感觉。

说"我不能"意味着不能做某事，但也暗示了一种特殊的原因。为了了解这种原因，请先为以下语句填空。

我不能吃_____，因为_____。

我不能买_____，因为_____。

我不能（做）_____，因为_____。

不管你列举的是什么食物、行为还是事物，你在"因为"后面写下的，很可能是某种外部的约束。我不能吃深盘比萨，"因为"我的医生劝我应该健康饮食。我不能买新电视，"因为"我的伴侣想让我省钱。

"我不能"的说法通常意味着我们想要做这件事，但有什么人或事阻碍了我们，即某种来自外部的限制（例如医生和伴侣等）正在阻止我们做想做的事情。

然而，"我不"的说法带有完全不同的意味。在填完含有"我不"的陈述时，人们列出的原因性质会发生巨大的变化。请先为下列语句填空。

我不吃_____，因为_____。

我不买_____，因为_____。

我不（做）_____，因为_____。

在这种语境下，说"不"便不再表示暂时的约束，而是代表一种更持久的驱动力，一种根深蒂固的心态。

这种驱动力不再来自外部，或者出于其他人或事物阻止我们去做想做的事，现在，控制点[1]更多转移到了内部。我不吃深盘比萨，因为我不太喜欢。我不会每隔 5 分钟就查看一次邮件，因为我更愿意做一些深入的思考。

"我不"的说法可以赋予人们力量，仿佛控制权掌握在自己手中，因此有助于规避诱惑。没有其他因素对想做的事情形成阻碍，主动权掌握在自己手中，决定权取决于自己。没错，我可以刷剧，可以甩钱狂买，但我不愿意这样做。相比于这些，我更想做点别的事。

这种被赋予权力的感觉能让人们更容易拒绝诱惑。毕竟，这些目标是他们自己制定的。

你是否难以兑现自己的新年决心？是否无法坚持某个目标？

---

[1] 该概念由美国心理学家朱利安·罗特（Julian Rotter）在 1954 年提出，指人们能感到自己的成功与失败的位置在哪里。——译者注

相比于说"我不能"，请直接说"我不"吧。

把不愿做某事的原因写下来，关注那些让你感觉掌握控制权的原因。如果担心会忘记，那就把"我不"的声明写在便利贴上，贴在冰箱或电脑上，以便在遇到诱惑时能随时阅读。或者，你也可以把声明写在日历提醒中，设置在决心受到考验时弹出。看到这个提醒，你便会记起一切都在自己的掌握之中，从而更容易坚持自己的目标。

在给出其他类型的拒绝时，我们也可以使用同样的策略。有的时候，我们会被要求做一些并不想做的事情，但却很难找到一个礼貌的方式来拒绝。助人为乐或提供支持自然是好事，但我们不能事事都往自己肩上扛。如果同事要求我们加入一个与工作完全无关的工作组，或是老板要求我们做一些超出商定的职务范围的事，想推托并不容易。

专家们经常建议寻找一个"拒绝的搭档"，也就是某位同事、上级或是其他可以为拒绝提供外部理由的人。

但是，语言也可以帮助我们达到同样的效果。

在这种情况下，"不能"是一个非常管用的词。"不能"表明行为的驱动因素来自外部，因此在避免诱惑方面并不有效，但出于同样的原因，这个词语在拒绝不必要的请求时却非常好用。

说老板让你指导一名新员工，因此你"不能"加入工作组，或者说你"不能"超出商定的职务范围，因为这会延迟最终产品的完成，诸如此类的说法，能拉开拒绝这个行动与你个人的距离。说"不"的原因并不在你，不是你不想帮忙，你很想助一臂之力，但是另一个外部的因素对你造成了阻碍。

事实上，如果外部的制约因素掌握在别人手中，明确指出障碍出在制约因素上，对提出请求者和你都有好处。你不能分身同时做两件事，通过明确外部约束，你等于是在让对方从中做出权衡。最终，对方可能会找其他人帮忙，也或许会和你一起消除外部障碍。

把"应该"变成"能够"

想要拥有创造力并不简单。在一项研究中，60% 的首席执行官表示创造力是最重要的领导品质，但却有 75% 的人认为自己没有充分发挥出创造的潜力。

在解决问题时，创造力尤为重要。

假设你的宠物得了一种罕见的癌症。你得到了各种不同的意见，但似乎只有一种药物可以挽救宠物的生命。好消息是，生产这种药物的公司就在你家附近。但坏消息是，这种药非常昂贵。

你衡量了贷款、提高信用卡额度以及向朋友和家人借钱等选项，但却只能筹到治疗费用的一半。走投无路的你，只得考虑闯入工厂偷药。

诸如是否要为生病的宠物偷药这种道德困境，往往可以被定性为对与错之间的伦理难题。例如，在没有人会发现的情况下，你是否应该为了出人头地而作弊；在不会被揭穿的情况下，你是否应该为了省钱而撒谎。

在这种情况下，正确答案显而易见。即使没有人会发现，作弊也是不好的；即使不会被揭穿，说谎也是不对的。自身利益和外部利益之间的冲突显而易见，但"正确"的做法却非常明显。

但在其他情况下，即便存在所谓的"正确"答案，这个答案也并不是非黑即白的。在宠物患癌的例子中，两种选择都不理想。偷窃显然是错误的，但让你那可怜的宠物日渐憔悴似乎也不是好办法。

诸如此类的情况涉及道德与义务之间的权衡，因此通常被称为"对与对"之间的困境。我们陷入了矛盾之中，需要为一个原则（例如承担我们对爱人或宠物的责任）来牺牲另一个原则（例如公平和道德的行为）。选择一个原则，似乎就意味着放弃另一个原则，因此，这与其说是双赢，不如说更像是"双输"。

在思考这些挑战时，我们经常问自己一个经典的问题：我应该怎么做？我应该帮助我的宠物（但却会违反不偷窃的戒律），还是确保不触碰法律的界线（但却要对一位重要的伙伴见死不救）？

我们总会用"应该"来思考问题。说明书告诉我们"应该"如何使用产品，员工手册告诉我们在办公室"应该"如何行事，公司行为准则阐明了公司在人才多样性或环保方面"应该"遵循怎样的原则。

因此，在面临道德或其他方面的挑战时，我们自然经常会考虑应该怎么做。事实上，如果用一个最准确的单词或短语来描述我们面对各种道德困境时的感想，几乎有 2/3 的人都会提及应该做的事。

"应该"这个词虽然很常见，但却往往让人陷入困境。在关于对与错的问题上，"应该"是个好用的利器。拿撒谎、欺骗或偷窃问题举例，这些行为有时看起来并不重要，也可能没有人会发现。思考在这种情况下"应该"采取什么行动，便是在提醒我们谨记自己的道德指南针。这种方式鼓励我们思考"应该"采取的正确行动，有助于我们做出合乎道德的选择。

但在许多其他的情况下，"应该"的作用就不那么大了。考虑是否要靠偷药来救生病宠物的时候，由于不存在所谓"正确"的答案，权衡"应该"的效果非常有限。思考"应该"做的事，会让我们在两个都不理想的选项之间进行权衡，而且越陷越深。这种心态迫使我们在不同的价值观之间两害相权取其轻，还常常让我们感到被动无助。

但是，还有一个更好的办法。

无论是试图解决道德困境，还是用创意思考更加广泛的问题，我们通常都是在寻找灵光一闪的洞见。在这茅塞顿开的时刻，解决方案或者看待问题的视角突然变得清晰起来。的确，洞见并非呼之即来，也并非深入分析和深思熟虑的产物，而往往在我们最意想不到的时刻如电闪雷鸣一般乍现。

以创造力为例，当我们换个视角看待问题时，就能产生顿悟。思考一下，如何只用一盒火柴和一盒图钉把一根点燃的蜡烛固定在墙上。花些时间考虑一下这个问题。你准备怎么解决呢？

我们在尝试想出答案时，往往会把关注点直接放在图钉上，试图用图钉把蜡烛固定在墙上。但很遗憾，这一招并不管用。这些图钉不够大，也没有办法固定蜡烛。就这样，我们会通过不同的模式进行一次又一次的尝试，而换来的只有一次又一次的失败。

然而，如果从另一个角度看待这个问题，你就会发现图钉有很多用处。与其直接将蜡烛钉在墙上，不如把图钉盒利用起来。倒出图钉，把图钉盒钉在墙上，用盒子作为燃烧的蜡烛的支架。

问题解决了。

不过，诸如此类的解决方案需要我们放宽自己的假设。不要觉得这些东西的功能固定不变（比如图钉盒就是装钉子的），而要从更广泛的角度去思考如何拓展不同的用途。

为了探索如何获得这种顿悟，哈佛大学的一些研究人员进行了一项实验。他们集合了诸如宠物生病等各种道德困境，对人们的解决方法进行了研究。

研究人员让一组参与者通过略微不同的方式来思考问题，检验这种方法能否提高人们用创意解决问题的能力。相比于采取惯常的方法或是思考"应该"怎么做，研究人员鼓励参与者考虑"能够"做什么。

这个小小的改变产生了显著的效果。思考自己"能够"做什么的人想出的解决方案要优秀得多，这些方案不仅更加有效，其中的创造力也更显著。

与其陷在两个不完美的选项中逼自己做出选择，不如鼓励人们思考"能够"做什么，激发他们用不同的心态解决问题。我们可以后退一步，与现状拉开距离，从更开阔的视角思考问题；将多个目标、备选方案和结果纳入考虑范围；认识到其他可能性的存在。

从"能够"出发，远离了非黑即白、非此即彼的心态，鼓励人们意识到自己或许还有其他的选择。除了在救宠物和偷药品之间做出不可调和的选择，或许还有其他可能更好的途径。比如，你可以通过为制药商（或兽医）免费打工来支付药物费用，或者在 GoFundMe 众筹平台[1]上发起筹款活动。

"能够"这个词有助于发散思维，因此会带来更多创新的解决方案。"能够"让我们的思维跳出条框，跨越界限；鼓励我们考虑多种方法，建立新的联系，不再像以前一样容易满足于唾手可得的答案。与其只看事物的现状，不如从"能够"的角度来思考，看到事物有可能发展成的样子，忽略显而易见的表象，探索不同的做事方法。

举例来说，需要擦去铅笔字迹时，如果考虑到物体"能够"拥有的功能，我们便能对普通的物品加以巧妙利用。比如说，要擦除铅笔字迹时手边没有橡皮擦，我们便会意识到橡皮筋可以起到差不多的作用。同样，需要通过戴口罩来避免吸入有害灰尘

1　它是为个人需求或目标发起募资活动的公众平台，2010 年 5 月在美国硅谷正式成立。——编者注

时，那些探索物体"能够"拥有的潜在用途的人便更可能发现，丝巾也可以达到差不多的效果。

你是否对某个棘手问题捉襟见肘？是否想要变得更有创造力，或是激发他人的创意？

那就培养出一种"能够"心态吧。与其思考"应该"做什么，不如问问"能够"做什么。这种做法会鼓励我们和他人调动起能动性，思考新的途径，把障碍变成机遇。

在向别人寻求建议时，也应遵循这种原则。在寻求帮助时，我们倾向于以一种特定的方式提问，也就是询问他人认为我们"应该"怎么做。

这样的问法从某些方面说得过去，但并不总是最有效的方法。询问我们"能够"做什么，可以鼓励对方放宽思路，为我们提供更好且更富创意的指导。

与自己对话

到目前为止，我们已经着重讲解了几种用语言调动身份认同和能动性的方式。在说服他人做事时，可以把请求描述成一种接近理想身份或避免不理想身份的机遇；在避免诱惑时，可以塑造一种主动权掌握在自己手中的力量感；在提高创造力的时候，专注于我们"能够"做什么，而不是受限于外部的条件。

然而在某些情况下，更有效的方法，却是通过语言拉开距离。

在重要演讲的前一天晚上，你辗转反侧。你自觉已对演讲材料了如指掌，但因为这次演讲事关重大，所以你想确保准备得万无一失。你已经把演示文稿颠来倒去看了五六遍，在这里添加要点，在那里调整措辞。尽管如此，你还是感觉惴惴不安。

在这样的情况下，我们要如何才能减少焦虑、拿出最好的表现呢？

在做一次重要演讲、赴第一次约会或展开一次难以启齿的谈话时，我们的神经常常会紧张失控。我们担心做错事、说错话，或者表现不佳。而这种担忧，却会让情况变得更糟。我们反复思考每一件可能出错的事情，过于关注消极的可能性，却最终对表现造成了适得其反的影响。

好在，亲友们往往会挺身而出。朋友、伴侣或关系密切的同事能感觉到我们的焦虑，并努力抚平我们的心情。他们会说"你一定会发挥得很好的"，或者"别担心，你的演讲一向很有感染力，何况还准备得那么充分"。他们会帮助我们看到光明的一面，告诉我们一切都会相安无事，或是提醒我们上次的表现有多么出彩，让我们把注意力集中在积极因素或能控制的事情上。

然而，我们却似乎没法这样劝解自己。如果听到别人的鼓舞就足以让我们冷静下来，我们为什么不能用同样的方法开导自己呢？

一种可能是，我们的问题要比别人的问题更重大。我们的演讲、第一次约会或难以启齿的谈话，要比别人正在处理的事情更重要、更伤脑筋或更困难。

这种可能性是存在的。然而，除非面对的是白宫演讲，或是为一项核武器条约进行谈判，否则我们的困难可能和别人没什么两样。

实际上，真正的问题要更加微妙。即使面对完全相同的情况，在当事人是我们自己时，感觉也会大不相同。

在别人感到焦虑或紧张时，提供有用的建议并不困难。你只需告诉对方后退一步，站在一个更广阔的角度审视问题，用理性的方式思考事情，更客观地看待形势就行。

这次的演讲真的值得人如此焦虑吗？可能并不会。如果搞砸，会引来一场旷世灾难吗？不大可能。从大局来看，这件事并不像想象的那么可怕。

但当事情发生在我们自己身上时，想要拉开距离就没那么容易了。这时，我们会深陷事情之中，无法清晰思考。我们情绪失控，无法自已。我们注意的范围越变越窄，反反复复地思考消极的念头，无论如何也无法自拔。

为了探索让人们平静下来的方法，密歇根大学的研究人员将参与者置于一个高压环境中。研究人员让他们思考自己梦寐以求的工作，也就是向往的公司中心仪已久的职位。

接下来，研究人员要求参与者发表一篇演讲，说明自己为什么适合这个职位。参与者必须站在一群评估人员面前，解释为什么在数百甚至数千名渴望这个职位的人选中，自己才是最合适的。

仿佛这还不够有挑战性一样，研究人员只给了参与者们 5 分钟的准备时间。

听起来是不是压力满满？的确如此。参与者的心率和血压激增，作为人体主要压力激素的皮质醇也一路飙升。事实证明，在一群评头论足的观众面前公开发表演讲，是科学家用来诱发压力的一种最有效的方法。

研究人员将参与者安排在这种环境之中，是想要验证所谓的"自我对话"产生的影响。我们使用语言与他人交流，但同时会用语言和自己交谈。参与考验耐力的长跑时，我们会鼓励自己再坚持一下，每次仔细照镜子时，我们都会因不断生出的白发而对自己发几句牢骚。

自我对话是一个人自然的内心交流。这是一种内在的声音，兼有显意识中的思想和潜意识中的理念和偏见。自我对话可以表达欢欣鼓舞、理解支持（"再试一次！"），也可以传达负面和自我诋毁的信息（"怎么又冒出来一根白头发？你真是上年纪了！"）。

科学家们想要知道，通过改变自我对话的方式，能否帮助人们更好地管理压力。于是，他们给参与者 5 分钟的时限来准备演讲，并提供了用语言缓解焦虑的两种方法中的一种。

在自我对话时，人们通常会使用第一人称。试着理解自己的感受或厘清焦虑的原因时，我们会问自己这样的问题："我为什么这么沮丧？""我为什么会出现这种感觉？"我们会使用诸如

"我"和"我的"（都是第一人称代词）这样的词语来指代自己。

其中一组参与者被要求使用这种标准方法。他们需要通过第一人称表述努力理解自己的感受，要对自己提出以下问题："我为什么会出现这种感觉？""造成我这种感觉的深层原因是什么？"

另一组参与者则要通过语言稍微转换视角。他们没有从自身的角度去理解焦虑，而是需要通过局外人的视角来审视问题。他们不用"我"来称呼自己，而是像他人一样，用"你""他""她"或直呼名字来指代。

举例来说，如果这个人的名字叫简，她便会问自己这样的问题："简为什么会出现这种感觉？她为什么对演讲感到焦虑？导致简产生这种感觉的原因是什么呢？"

参与者阅读了说明，花了片刻反思自己的感受，然后便到另一个房间发表演讲。评估者观看了他们的演讲，并从多个方面进行打分。

结果非常显著。两组演讲者都面对着同样的困难，被置于同样严苛的情况下（公开发表演讲），准备时间极其有限，只有 5 分钟的时间来思考演讲前的感受。唯一的区别在于，与自己对话时使用的是第二或第三还是第一人称，也就是问自己'你为什么这么难过"，还是"我为什么这么难过"。

然而，不同的词汇对人们的表现造成了巨大的影响。与"我"这种正常的自我对话用词相比，站在局外人的角度（使用自己的名字或"你"之类的词汇），有助于人们在演讲中拿出更好的表现。这些人不但自信心增强，紧张感下降，而且整体表现也更好。

这种语言上的转变能够帮助人们与困境隔开距离，从偏向于局外人的视角看待问题。那些用"我"称呼自己的人会说："哦，天哪，我该怎么办？没有笔记，我可怎么在5分钟内准备一篇演讲呀。准备一篇演讲，我得花上好几天时间呢！"

然而，使用名字或者诸如"你""他""她"这样的词称呼自己，有助于人们像局外人一样思考，从而更加积极地看待问题。这种方法鼓励人们提供支持和建议，而不是抱怨或把自己弄得更紧张。比如说："简，你有那么多次的演讲经验，一定没问题的。"

局外人的用语有助于说话者更加客观地看待事物，让情况变得不那么令人焦虑。这样一来，他们感受到的负面情绪更少，对形势的判断也更积极，容易将问题视为一种可以应对或应该奋起直面的挑战，而不是一种让自己感到心中无把握或不知所措的威胁。

我们在其他领域也发现了类似的效应。无论是对于食物的选择，还是对于健康方面的担忧，避免使用第一人称用语都能让人们与某种情况拉开距离。这样一来，他们便能选择更加健康的食物，或是将注意力放在客观事实上。改变人称用语可以鼓励人们从局外人的视角进行自我思考，从而更好地应对问题。

同样的原则也适用于其他各种情况。例如，练习积极的自我对话，有助于运动员表现得更好。职业运动员经常会想象成功的愿景，在脑中预演各种场景，甚至在训练中重复某句励志的箴言。

例如，当运动员想要为比赛打起精神时，便会经常告诉自己："你能行！""我能行！"这样的说法，可能会让人感觉有点刻意，但如果站在局外人的角度来说，就能感觉更加自然，也可能更容易在实际生活中运用。

找准使用第二人称的时机

从更普遍的意义来讲，自我对话研究也让我们看到，"你"这样的代词何时适合使用，何时则可能适得其反。

几年前，一家跨国科技公司请我帮忙分析其公司的社交媒体帖子，看看哪些有效，哪些效果不佳。在对数千篇帖子进行文本分析后，我们发现，使用第二人称可以提高读者的参与度。也就是说，使用"你""你的"或"你自己"等第二人称代词的帖子，不仅收到的点赞更多，引发的评论也更多。

因此，这家公司对社交媒体战略进行了调整，在帖子中加入更多类似的用词，而随后的读者参与度也出现了大幅提高。

此外，这家公司还要求我对用户支持内容的文章进行类似的分析。公司网站上有关于如何设置新笔记本电脑或对设备进行故障排除的页面，我们想要看看，读者是否认为这些支持页面有效。

与社交媒体上的帖子相比，在用户支持页面上，第二人称却产生了相反的效果。也就是说，虽然第二人称能在社交媒体上增加参与度，但在用户支持页面却适得其反。

出于好奇，我们开始探索其中的差别在哪儿。

社交媒体帖子与用户支持页面有许多不同之处。这些帖子的篇幅更短，不那么详细，更有可能被游客访问。

然而，为了真正挖掘"你"这个词为何会产生不同的效应，我们必须首先理解"你"和其他第二人称代词在不同语境中发挥的作用。

在社交媒体上，人们能从不同信息源接收到各种各样的内容，很难对任何话题进行深入研究。图像能够吸引读者，但使用适当的用语也能激发兴趣。在这种情况下，"你"这样的词语就像一个停车标志，表示这里含有值得注意的信息。

看到一篇题为《五大省钱诀窍》的帖子时，读者并不确定内容是否与自己相关。而加上"你"这个词，例如《帮你省钱的五大诀窍》，突然之间，这篇帖子就显得更加贴近个人了。即使信息本身没有改变，你也会认为帖子里包含的不是一般信息，而是对你有用的东西。

也就是说，"你"这个字吸引了注意力，增加了相关性，让读者觉得帖子在直接与自己对话。

然而，对于用户支持页面而言，因为客户已经访问了网站，所以吸引注意力并不必要。客户之所以访问支持页面，是因为他们有疑问或是想要解决某些问题，也就是说，他们的注意力已经集中在内容之上了。

此外，虽然使用"你"可以表明信息与读者个人有关，但也可以传达责任或责备。与"如果打印机出了故障……"相比，"如果你没法让打印机正常运转……"这句话表明打印机的故障在某种程度上是用户的错。仿佛问题不是出在打印机上，而是出在不能让打印机发挥功能的用户身上。

与此类似，与被动语态（"空间可以通过……被释放"）相比，主动语态（"你可以通过……释放空间"）表明这项工作需要由用户来做。"你"这个词出现的次数越多，用户需要承担的责任就越大。

由此我们可以知道，虽然"你"这个词有助于在社交媒体上吸引关注，但在用户支持页面上却适得其反，因为这个词可能暗示着错误或责备应由用户自己来扛。

从更广泛的角度来说，正如我们在这一章中所讨论的，语言可以改变控制权掌握在谁的手中，即事情谁说了算，由谁掌控，由谁负责，无论是针对好事还是坏事。

如"你喂狗了吗？"或者"你检查过文件的截止日期了吗？"这样的问题，会给人指责的感觉。这些问题或许没有什么不好的意图，只是单纯为了获取信息，但却很容易遭到负面的解读，让人心中嘀咕："谁说这该是我的责任了？""我为什么没去处理呢？"

只需在措辞上进行细微的调整（"狗狗吃过晚饭了吗？"），便会减少产生不满的可能性。这样的问题关注动作而不是行动的执行者，不带有任何责备的暗示，即我不是在暗示这是你的职责，只是想知道事情做了没有，如果还没有，可以交给我。

这一点，对于"我想和你聊聊，但你没时间"这种说法也同样适用。这句话陈述的或许的确是事实：我们真的想要聊一聊，但对方的确没时间。然而，这样的措辞可能会暗示错出在对方身上。不仅说对方没有时间是件糟糕的事，还把谈话没能展开归咎于对方。

避免使用第二人称，而是换成"我想聊聊，但现在似乎不太合适"，这样的措辞不带有任何指责的语气。很明显，这件事不是任何人的错，我们表现出的是关心，而不是要求。避免使用带有指责性的"你"，有助于避免在不经意间怪罪别人。

包括"我"在内的第一人称代词也是如此。刚吃下一口饭，一位朋友的 3 岁孩子便抱怨起来："晚饭不好吃。"

为了这顿饭的筹划、采购和烹饪，孩子的父母投入了大把时间，因此当然很失望。他们虽然希望孩子能觉得这顿饭美味可口，但事已至此，不妨将此作为一个机会，给孩子上重要一课。他们指出，"不好"和"不喜欢"之间是有区别的，有人不喜欢某样东西，并不代表东西不好。

不使用第一人称代词，对观点的表达便会显得更像是对事实的陈述。"这是不对的"或"晚餐不好吃"，表明某件事情客观来说是不好的。但加上"我"这个字，就是在明确表达这句评论是个人观点，而不是事实陈述。

"我不觉得这是正确的"这种说法属于个人观点，不涉及别人是否同意。

人称代词中包含着责任。因此，是否应该使用，取决于我们想要对讨论的事情承担多大的责任。

例如，在展示一个项目的结果时，某人可以说"我发现……"，也可以说"结果显示……"。"我发现……"可以清楚表明工作是谁做的，即说话的人付出了努力也应该享受功劳。

然而，"我发现……"这样的说法也会让观点显得更主观。没错，你的确得出了一些发现，但其他人是否也能得出同样的发现？还是说，你的发现是基于自己在项目中所做的选择得出的？由此可知，是否使用人称代词，取决于我们想要将赞美或指责归于谁，以及希望所说的话带有主观性还是客观性。

彰显魔力

语言的作用不仅在于传递信息，还能够表示权力和责任的归属人，以及某一行动背后的意义。因此，通过使用调动身份认同的语言，我们便可以鼓励自己和他人采取理想的行动。想要彰显这种魔力，就请：

1. 将行动转化为身份。想找人帮忙或是说服对方做什么事吗？那就将动词（"你愿意帮忙吗？"）转化为名词（"你愿意做我的帮手吗？"）。将行动描述为确定理想身份的机会，便能鼓励对方拿出与这一身份相符的行动。

2. 把"不能"换成"不"。你是否难以坚持目标或是抵御诱惑？那就试着将"我不能"换成"我不"吧（例如，"我现在不吃甜食"）。这样的说法能够让我们感到更加强大，从而更有可能实现目标。

3. 把"应该"变成"能够"。想要变得更有创意，或是想为棘手的问题找到别出心裁的解决方案？与其问自己"应该"做什么，不如问自己"能够"做什么。这样的提问方法可以鼓励发散性思维，帮助我们摆脱思想的窠臼。

4. 与自己对话。你是否因为一场重大的演讲而惴惴不安，或者正在为一次重要的面试给自己打气？试着用第三人称与自己对话吧（比如"简能行的！"）。这种说话的方式能让我们与眼前的难题拉开距离，缓解焦虑，做出更好的表现。

5. 选择人称代词。无论是试图引起某人的注意，还是避免与配偶争吵，你都要仔细思考如何使用"我"和"你"这样的代词。这些代词可以吸引注意力和表达权利所属，但同时意味着承担责任与过错。

理解了调动身份认同的语言，并选在合适的时机加以利用，我们就可以将魔力词汇为我们所用。

除了调动身份认同和能动性的词汇之外，还有一类魔力词汇值得我们特别关注。那就是传达信心的词汇。

2

传达信心

想到著名的演说家时，唐纳德·特朗普（Donald Trump）往往并不是第一个浮现在我们脑海里的名字。

罗马政治家马尔库斯·图利乌斯·西塞罗（Marcus Tullius Cicero）常被誉为有史以来最伟大的演说家之一。他认为，公开演讲是智力活动的最高等形式，并认为优秀的演讲者应该秉持克制而庄重的仪态，睿智而雄辩地进行演讲。同样，像亚伯拉罕·林肯和温斯顿·丘吉尔这样的演说家，也因其逻辑清晰的论证、坚实有力的理念和有理有据的观点而受人赞誉。

然而，特朗普却不符合这种典型的形象。他的句子往往语法生硬笨拙，重复乏味，由大量简单的用词堆砌而出。以他宣布竞选总统时的发言为例："我要建一堵伟大的墙，没有谁比我更懂建墙，相信我，而且我还会用最省钱的方法建……"他接着说，"我们的国家遇到了严重的麻烦，我们老是赢不了。我们曾经有过胜利，但现在没有了……"

毫不奇怪，这次演讲引来了众人的嘲笑。抨击这段演讲过于简单粗暴的声音不断，《时代》杂志称其"空洞无味"，其他人则当作一派胡言而一笑置之。

不到一年之后，特朗普当选为美国总统。

特朗普的讲话风格与人们通常认为的雄辩相去甚远。他那漫无边际、语无伦次的风格中，充满了支离破碎的思想，磕磕绊绊、不知所云。

但无论你对特朗普是爱是恨，他都是一个厉害的推销员。他有说服力和影响力，非常善于感染观众，激励他们采取行动。

那么，他的秘诀何在？

想要理解特朗普的演讲风格为何具有如此的感染力，我们不妨换到一个截然不同的地点加以审视。那么，让我们一起到北卡罗来纳州达勒姆县的一间小法庭里看看吧。

有力发言

即使你从未上过法庭，也可能在电视上看到过里面的情景。双方律师聚集在大木桌的周围，证人宣誓要说真话，句句属实，绝无虚言。一位身穿纯黑长袍的法官坐在一张高桌后，庄严主持着诉讼程序。

在法庭上，语言至关重要。我们无法倒转时间，因此便用语言来表述来龙去脉。语言叙述了发生的事情，表达了谁在什么时候做了什么，以及嫌疑人或关键人物在特定时间所处的地点。被判有罪还是无罪，谁进监狱，谁重获自由，谁该承担责任，谁不必负责，都可以取决于语言。

20世纪80年代早期，人类学家威廉·奥巴尔（William O'Barr）想要一探陈述的风格是否会对诉讼结果造成影响。除了说话的内容以外，说话的方式同样影响重大。

我们普遍认为，最重要的因素在于说话的内容。诚然，证人的证词或律师的辩论影响着陪审团的决定，这是因为，他们列出了事实。毕竟，法律体系应该是真相客观而公正的仲裁者。

然而，奥巴尔想要一探这种假设是否存在漏洞。他想知道，语言风格的微小变化是否会对人们留下的印象和做出的决定产生影响。例如，证人用词的细微变化，是否会影响证词得到的评估或陪审团对案件的整体裁决。

因此，在一个夏天的10周时间里，奥巴尔和他的团队对庭审进行了旁观和记录。涉及的内容包括轻案、重案等各种不同案件，总共记录了超过150小时的庭上发言。

然后，他们听取录音，并把录音中的内容抄录下来。

在分析数据时，奥巴尔发现了一个突出的问题。他发现，与一般证人和被告等普通人相比，法官、律师、专家证人[1]讲话的方式有所不同。当然，他们会使用更多如"人身保护令"或"同等

1　指具有专家资格、帮助陪审团或法庭理解一些专业性问题的证人。——译者注

过失"等法律术语，但区别不止于此。他们说话的方式，与普通人有所不同。

法官、律师和专家使用了较少的正式用语（比如"请"或"是的，先生"），较少的填充词（比如"呃""嗯"），以及较少表示犹豫的词（比如"我是说"或"你知道"）。他们不太可能对自己的陈述设限或加以修饰（比如"能够"或"有点"），也不太可能把陈述转化为问题（比如"这就是发生的事情，对吗？"或"他在房间里，是吗？"）。

其中的部分原因或许出于当时的环境。毕竟，被告正在接受审判，因此可能会尽量表现得更有礼貌，希望自己能得到较轻的判决。同理，法官、律师和专家证人有更多的法庭经验，所以可能不那么紧张。

有些差异必然受到了角色或经验的影响，但奥卫尔仍想知道，是否有更深层的因素在发挥作用。他想探索，人们的措辞除了单纯反映说话人角色的差异之外，是否也会对说话人留下的印象或审判的结果造成影响。

于是，在一些同事的帮助下，他进行了一场实验。他们以一个特定的案件和一位具体的证人为例，请两位演员录下了两版略有不同的证词。

事实保持不变，但用来表达这些事实的语言却有所不同。在一个版本中，证人使用和专业人士（法官、律师和专家）一样的语气说话；而在另一个版本中，证人则使用普通人的语气。

例如，当律师问"在救护车到达之前，你大概在那里待了多久？"时，使用专业人士语气的证人回答说："20分钟，等到戴维斯太太好些之后。"而使用普通人语气的证人虽然说了同样的话，但话语间却充满了犹豫："哦，我觉得大约有，呃，20分钟吧。也就是说……差不多等我的朋友戴维斯太太好些之后。"

同样地，当律师问道："你熟悉这周边的路吗？"使用专业人士语气的证人只是回答了一句"熟悉"，而使用普通人语气的证人却加了些修饰："是的，我觉得熟悉。"

事后，为了测试这些差异是否能产生影响，研究人员让不同的人听取两段录音，并像陪审团成员一样做出判断。听者表达了对证人的看法，并指出被告是否该向原告支付赔偿金，如果是的话，该支付多少钱。

正如奥巴尔预测的那样，措辞上的细微变化会改变证人给人留下的印象。用专业人士的语气说话，能让证人显得更加可信。听者认为这样的证人更值得信赖，具有更高的能力和说服力，所以更有可能相信他们所说的话。

这些差异也影响了听者对证词的看法。尽管事实没有改变，但相比之下，在证人用专业人士的口吻做证时，听者认为原告应得的赔偿要高出数千美元。

就这样，奥巴尔发现了有力发言的威力。

在那以后的几年中，科学家们完善了所谓"有力"语言的确切组成部分，但这一理念的核心思想是一直不变的。这种风格的发言会让人显得更加自信，看起来更加确定、胸有成竹且博学多才，因此，听者也更有可能愿意倾听并改变自己的想法。

特朗普的发言很有力，领导大师的发言很有力，初创公司的创始人，至少是其中魅力十足的创始人的发言也很有力。这些人展示了一种愿景、一种世界观、一种理念或一种意识形态，他们的表达方式很有说服力，让对方难以提出异议。他们对自己的发言显得如此笃定，让人很难相信还存在别的可能。

然而，有力发言或自信并非与生俱来的特质，而是可以后天学习的。

想要充满自信地发言，请掌握以下 4 种方法：（1）避免使用模糊限制语；（2）不要犹豫；（3）把过去时变成现在时；（4）找准表达不确定的时机。

避免使用模糊限制语

2004 年，研究人员进行了一项挑选财务顾问的实验。参与者需要想象自己继承了一笔财产，正在寻找一位顾问帮他们进行投资。一些朋友推荐顾问甲，另一些朋友推荐顾问乙。因此，为了推动决策，他们进行了一场比赛，让两位顾问分别判断出一些个股在 3 个月后的升值概率。参与者会对比顾问的判断和股票的实际表现，然后聘请判断更准的顾问。

例如，顾问甲表示某家公司股票的上涨概率为 76%，事实证明，股票的确实现了上涨。同样，顾问乙判断另一家公司的股票上涨概率为93%，这只股票也的确实现了上涨。

参与者需要明确每位顾问的几十条预测，查看每只股票的表现，然后从两位潜在顾问中选聘一位。

就准确性而言，两位顾问都相当出色。但他们在一半的情况下是正确的，在另一半情况下则是错误的。

不过，参与者有所不知的是，两位顾问之间有一个重要的区别。尽管他们的判断同样准确，但其中一位做出的判断要极端得多。举例来说，不那么极端的顾问认为某只股票上涨的概率为76%，而较为极端的顾问则认为上涨概率是93%。不那么极端的顾问认为某只股票的下跌概率为18%，而较为极端的顾问认为这只股票的下跌概率大约只有3%。

大家可能认为，人们会更偏爱不那么极端的顾问。毕竟，这些人的判断更加精确。鉴于公司业绩牵扯的诸多不确定因素，这些人较为适中的估计更为合理。

然而，事实并非如此。

实际上，在选择顾问时，将近3/4的人选择了较为极端的那位。他们更愿意接受表现得更加有信心（看似更确定）的顾问的指导，即使这种信心超越了其评估市场趋势的实际能力。

个中原因，与有力发言背后的驱动因素相似。无论是选择基金经理、听取证人证言，还是选举总统，当沟通者对传达的内容表现得更确定或更有信心时，听众就更容易被说服。

这是因为，用确定的口吻说话的人更具说服力。哪位候选人能拿出最好的表现？这一点很难确定，但如果其中一个人说话的口吻较为坚定，人们就不容易认为他是错误的。毕竟，他表现得实在太自信了。

财务顾问的信心，体现在他们预估出的概率中。他们的观点或许相同（股票会上涨），但在表达这些观点时的确定性却有所不同。相比于判断某事发生的概率是76%，判断出92%的概率，会让这件事看起来更有可能发生，也会让沟通者显得更有把握。

然而，词汇也可以发挥同样的作用。例如，如果有人说"一定会下雨"，这意味着下雨的概率很大，即使没有达到100%，也要高于95%。不过，如果有人说"下雨的可能性很大"，那么听者可能会把预期从100%调至95%上下。

如"很可能"或"似乎"这样的词，表示可能性更低（更接近70%），"没准儿"表示50%上下的可能性，而"不太可能"则表示发生的概率更小。如果有人说"几乎不可能"下雨，你可能会觉得可能性几乎为零。

因此，诸如此类的词不仅传达了预测，也会对行动产生影响。例如，如果有人说"一定"会下雨，你可能会带上一把伞；如果有人说"显然"或"肯定"要下雨，也会产生同样的效果。

如果有人说"大概"会下雨，"可能"会下雨，或者"不太可能"下雨，我们或许就不会采取同样的预防措施。我们推断，被淋湿的可能性没有那么大，因此可能会把雨伞留在家里。

然而，正如财务顾问的研究所显示的，这类词汇也会影响沟通者表现出的确定性或信心。使用"肯定""显然"或"绝对"这样的词，表明沟通者非常自信，很确定会发生什么。天要下雨，这是毫无疑问的事。

然而，"大概"或"可能"这样的词，则带有更多的不确定性。沟通者认为有下雨的可能，但不是非常确定。

像"大概"或"可能"这样的词，称为模糊限制语，用于表达模棱两可、小心谨慎或犹豫不决的判断。诸如"猜想""推测"和"假设"这样的词语，也是如此。

模糊限制语的例子

大概	我认为	算是
可能	我觉得	差不多
看来	在我看来	大约
也许	我相信	大致
或许	我猜	大抵
似乎	我推测	有点

模糊限制语不仅能用来表达可能性，我们还可以使用它们表达对确切数字的不确定（"这东西我买了大约3个月了"），对别人说的话的不确定（"据他说，这东西很管用"），以及对自己的观点能否推而广之的不确定（"在我看来，这东西不值那么多钱"）。说"大概""可以说""我认为""大体""有点""可能""大

抵"很少"或"一般来说"的人，就是在表达模糊的概念。也就是说，他们是在通过各种各样的方式来表达自己的不确定。

我们无时无刻不在使用模糊限制语，如"觉得"某样东西管用，某个解决方案"可能"有效，另一种方法"说不定"会更合适。我们还会说，某种做法"似乎"是不错的选择，或者"在我看来"，另一种做法可能更值得一试。

然而，模糊限制语也会在不知不觉中削弱我们的影响力，这是因为，通过这些词语分享自己的想法或建议时，我们也在对这些内容进行弱化。我们等于是在暗示，这些想法和建议到底值不值得遵从，还有待商榷。

我和一位同事调查了人们有多大可能听从别人的建议，果然，在建议中加入模糊限制语会降低让人听从的概率。也就是说，这样的说话方式会减少人们购买推荐产品或采取推荐行动的可能性。

这是因为，模糊限制语可能意味着信心的匮乏。这个解决方案"大概"有效，"我觉得"这是最好的餐厅，或者引擎"可能"该修了，这些说法，都传达了一种不确定性。说话的人不确定解决方案是否奏效，不确定餐厅算不算最好，也不确定引擎到底该不该修。虽然谨慎有时是件好事，但模糊限制语会让沟通者表现得不那么自信，从而削弱对他人的感染力。

如果不确定潜在的解决方案是否有效，我们凭什么采纳？如果不确定这一家餐厅是不是最好的，我可能会选择一家别的餐厅用餐。如果汽车维修员不确定引擎该不该修理，我不仅不会修，或许还会再找一位更专业的维修员。

这并不是说我们永远不该使用模糊限制语，而是提醒我们应在使用时更加谨慎。

有的时候，我们会有意使用模糊限制语。我们想要表达不确定性，表达我们拿不准，或者结果还不明晰。出于这种目标，模糊限制语非常好用。然而，我们也常常会在无意间使用这种词汇。我们对这些词习以为常，以至于在不经意间无端地加在句子中。这么做，反而会适得其反。

我们往往会不自觉地使用"我认为""在我看来"或"我觉得"这样的说法。然而，虽然模糊限制语在某些情况下很有用，但却很可能不必要地凸显出我们所说的话中的主观性。

"她是个优秀的雇员"，或"我们应该这样做"，这样的说法本身就是我们的观点。毕竟，话是从我们口中说出来的。因此，除非我们想表明主观性，否则在陈述前加上"我认为"或"在我看来"这样的修饰会削弱话语的力度。这样的表述，会显得我们不大相信对方有同感，从而减少对方听从的可能性。[1]

因此，为了传达信心，请避免使用模糊限制语。[2]

1　在确实想传达不确定性的情况下，务必使用合适的模糊限制语。例如，与其说"这一招似乎可行"，不妨加入一些个性化元素，如"依我看，这一招是可行的"。这样的说法传达了信心，因此能够增加说服力。这句话的意思是，你虽然承认不确定性的存在，但仍然认为"这一招"可行。

2　模糊限制语的位置也很重要。例如，与把模糊限制语放在句末相比（"这样做最好，这是我的观点"），放在句首更能传达信心（"我认为这样做最好"）。把这些词语放在句首，表明你虽然知道某件事是个人的观点，但仍对这个观点有一定的信心。在陈述完事实之后再使用模糊限制语，却意味着"有所退却"，使信息和传达信息的人都显得不那么确定。

我们不妨学习唐纳德·特朗普的例子，使用确定词来替代模糊限制语。

"肯定""明显"和"显然"这样的词，可以将疑虑打消得一干二净。事实清清楚楚，证据无可辩驳，答案不可否认，这是人人都知道的，是切实确凿的，也恰恰是我们现在所需要的。

除了表达不存在什么不确定性之外，确定词还意味着事实一目了然。发言者很自信，行动的方向也一清二楚。这样的说法，让听者更有可能选择跟从发言者并听从其建议。

确定词的例子

肯定	确凿	清清楚楚
明显	无可辩驳	毫无疑问
显然	绝对	实实在在
不可否认	人人	次次

不要犹豫

使用模糊限制语会给人造成不太自信、不太有能力和不太高效的印象，然而，还有一种能够造成更坏影响的措辞方法行为，那就是犹豫。

林赛·塞缪尔斯一直在努力想办法改善自己的演讲风格。这位 41 岁的销售主管每星期都要进行十几次报告，受众包括现有客户和潜在客户，以及公司同事和管理层等。

然而，林赛没能获得预期的效果。听众偶尔会接受她的建议或是赞同她的建议，但更多的时候，大家仍会坚持自己的老路，即便她的建议更好，也仍然选择维持现状。

她想转化更多的潜在客户，说服更多的现有客户，并增加自己的影响力。因此，我们对她的沟通方法进行了一次"审计"，探索她在哪些方面表现优秀，在哪些方面可以做得更好。

我先是请林赛分享了她的一些演示文稿，仔细阅读之后，我并没有发现什么问题。文稿很清晰，语言具体简洁，还会通过巧妙的类比来解释复杂的想法。也就是说，演示文稿本身看起来严谨有力。

如果问题不出在内容上，那就可能是表达方式有什么漏洞。因此，我提出想要听听她的演讲。当时正值疫情防控时期，因此我们没有会面，而是在网上进行了视频通话。

从第一个电话开始，我便明显感觉到有什么地方不对劲。演讲的理念明明经过了精心打磨，但她的表达方式却对呈现出的效果造成了负面影响。可是，无论我怎么找，就是说不清问题出在哪里。

我们的对话被记录了下来，因此，我又试着从头听了一遍。我一边听她演讲，一边配合阅读一页页的演示文稿，却仍说不清楚问题出在哪里。

说来也巧，我们使用的视频通话应用的公司在每月应用更新时会发布一些新功能。除了改善在线投票选项和添加不同的屏幕绘图方法之外，公司还增加了自动转录功能。也就是说，除了每次会议的视频和音频记录外，用户还会收到所有谈话内容的文字版本。

为了方便客户，我开始与他们分享这些记录。大多数客户都觉得浏览记录要比听完整录音更省力，但在看完记录之后，林赛尤为震惊。"我真是那样说话的吗？"她问道。我回答说，我不明白她这话是什么意思。10分钟后，她传来了一份转录的文件。在文件中，她将每次出现"呃""嗯"的地方都圈了出来，密密麻麻。

就这样，转录的文件将问题凸显了出来。

在接下来的几个星期里，林赛特意留心，把这些表达犹豫的字词从演讲中剔除出去。她会练习自己要说的话，把问题的答案提前写下来，并在必要时稍作停顿，找回自己的节奏。

这一招成功了。演讲中的"嗯"和"呃"有所减少，而她的提案也变得更加简洁有力。比如说，在接下来的一个月里，她的潜在客户转化率达到了将近33%。通过剔除填充词，林赛成为一位更有效的沟通者。

在日常生活中的一般谈话中，我们大多数人都会经常说"呃""嗯"这样的字词。这些都是我们在整理思绪或试图梳理接下来要说什么时常用的口头禅，就像一根不小心就会依靠的拐杖。

虽然偶尔使用无可厚非，但如果用得太多，这些表达犹豫的填充词便会削弱所说的内容。[1]

想象一下，某人在一场重要演讲开始时说："我……嗯……我觉得……呃……我要说的话……嗯……真的非常关键。"你对这个人及其将要发表的演讲有何看法？这个人给你的感觉是机智沉着，还是焦虑不安、准备不足？你对这个人推荐的内容有多大信心？你会遵从这个人的建议吗？

可能不会吧。研究发现，表示犹豫的词甚至要比模糊限制语更有害。这种词会让人显得缺乏力量和权威，无法有效地传达想要表达的信息。

如果一个人经常说"呃""嗯"，这表明这个人不知道自己在说什么，完全算不上内行。

不仅如此，犹豫的表达造成的影响，甚至要比演讲者的身份更加显著。在一项研究中，学生们听了一盘磁带，内容是演讲者在课堂开始时的开场白。研究人员想要探索语言对于印象和感知的影响，因此，在一些学生听到的录音中，演讲者犹豫了几次，在整段讲话中说了五到七次的"呃"或"嗯"，而在另一些学生听到的录音中，演讲者却没有一丝犹豫。除此之外，二者的内容完全一样。

除了说话方式之外，这项研究还对演讲者的身份进行了操控。一些学生被告知，演讲者地位相对较高（教授）；而另一些

---

1 "比如""你知道""我是说""好吧"和"那么"这样的词，通常也有类似的效果。

学生则被告知，演讲者地位较低（学生助教）。

在表达想法时，我们倾向于认为地位扮演着重要的角色。例如，我们会觉得，在一场会议中，如果演讲者是老板而不是下属，与会者倾听的可能性更大。抑或，如果同样的想法由地位更高的人提出，则会产生更大的影响。

从一定程度来看，这样的想法是正确的。在某些情况下，地位确实重要。举例来说，当学生们觉得自己在听一位地位较高的演讲者发言时，便会认为这个人的发言更有力且更富生机。

然而实际上，演讲者所讲的内容要重要得多。犹豫会造成负面影响，讲话犹豫不决的人，会被视为不够聪明、不够博识或者资历不够。无论他们拥有怎样的头衔，听众可能都会认为这种人缺少专业知识且地位较低。

事实上，一位"地位较低"但干脆果决的演讲者，要比一位"地位较高"但犹豫不决的演讲者给人留下更好的印象。事实证明，风格比地位更重要。

因此，请不要犹豫。偶尔说一次"呃"或"嗯"无伤大雅，可以表示我们正在思考，或者还没有说完想说的话。

然而，太多的犹豫往往会削弱发言的效果，让我们显得犹豫不决或没有把握，这种自信的匮乏会削弱人们对我们本人和所传达观点的信任。

我们经常会通过犹豫来填充对话中的空白。我们会在还没想好要说什么之前便开口，因此便不得不在某个时刻插入一声"嗯"或"呃"，趁机思考接下来要说的内容。没错，这就是"嗯"和"呃"这样的词常被称为填充词的原因。[1]

但是，只需在发言前稍作停顿，就能减少一些犹豫不决。这么做能让我们有时间思考该说什么，从而表现出更强的说服力。

除此之外，暂停还有其他的好处。我和几位同事进行的研究发现，短暂的停顿会让演讲者给人留下更积极的印象。这不仅给了听众时间来理解之前所说的话，还鼓励他们用简短的口头回应来表示赞同（例如，"是的""对"或"没错"），从而让他们更喜欢演讲者。

所以，与其插入"嗯"或"呃"，不如尝试稍作停顿。这样一来，人们不仅会更加积极地看待我们，而且更有可能听从我们的建议。

综上所述，对于模糊限制语和犹豫的研究结果非常明显。你要进行一场大型演讲，还是要做重要的推销？那就不妨用表达信心的语言取代那些不确定的词句或行为吧。

如果有人说解决方案显而易见或者结果无可争辩，其中的信心便溢于言表，这表明，说话的人不仅仅是在分享一种观点，还是在分享一个关于世界的真相。如此一来，其他人也更有可能表示赞同。

---

1 所谓的附加疑问句（如"真冷，不是吗？"）也有类似的效果。将陈述句变成疑问句，表明发言者对自己的观点不确定，从而削弱说服力。

把过去时变成现在时

避免模糊限制语和犹豫是自信沟通的方法之一，除此之外，还有一种更加微妙的方法。

人们无时无刻不在分享自己的观点，无论是谈论钟爱的产品、讨厌的电影，还是愉快的假期。我们会说，某款吸尘器很好用，某部电影很无聊，或者在某片海滩能看到最美的日落。

在考虑这些信息时，我们容易将注意力放在名词、形容词和副词上。我们想知道吸尘器的吸力强不强，电影是不是有趣，或者某个度假地值不值得去。

然而，除了名词、形容词和副词之外，还有一个很少有人注意到的元素，那就是动词时态。

动词是交际中不可或缺的一部分。名词表示讨论的对象，而动词则表示名词的状态或动作：人们在走路；电子邮件已经发了出去；我们分享了各种理念。动词有助于为主语赋予特定的位置或行动。如果没有动词，我们在交流中只能不明所以地用手指指着各种人、地点和事物。

时态是动词变化的一种方式，也就是动词所指的时间段。在英语中，动词拥有时态，用来描述具体行为或事件发生的时间。例如，如果有人说他"备考过了"，表明这个行为发生在过去，也就是说，"备考"是以前的事。

同样的动作也可能发生在现在。如果有人说她"正在备考"，这意味着她现在正在进行这个行为。通过将动词时态在过去和现在之间切换，沟通者不仅表明了谈论的事件（备考），也表明了事件发生的时间（过去或现在）。

动词时态表明了某人是曾经备考、正在备考还是会在将来备考。类似地，动词时态也可以传达一个项目是已经完成、正在被完成还是会稍后完成。

的确，在很多情况下，时态是由情境决定的。如果一个人还没有开始备考，就不能说他"备考过了"（除非他在说谎）。与此类似，如果项目已经完成，人们通常不会在"完成"前加"将会"。

但在其他情况下，我们可以选择使用不同的动词时态。例如，在谈论某个求职者时，我们可以说这个求职者"当时似乎不错"或"似乎不错"。在描述一款新的吸尘器时，我们可以说它"当时很好用"或"很好用"。在描述度假目的地时，我们可以说海滩"当时很让人震撼"或"很让人震撼"。

我的同事格兰特·帕卡德（Grant Packard）和我想要知道，动词时态的变化是否会对说服力产生影响，相比于过去时，使用现在时是否会让人们更容易被说服。[1]

为了验证这种可能性，我们对 100 多万条在线评论进行了分析，这些内容是人们对产品和服务发表的意见。

1　英语中其实没有将来时态的动词，而是会在现有动词前加上"将要"这样的助动词，表示事情会在未来发生。因此在本书中，我们把关注的重点放在过去时和现在时上。——译者注

针对每一条评论，我们对评论者谈论过去或现在的频率以及评论造成的影响进行了量化。所谓影响，即其他人是否觉得这些评论有帮助或有用，以及这些评论是否会增加人们购买评论的产品或服务的可能性。

我们从书籍入手。通过对亚马逊上大约 25 万条书评的分析，我们发现，现在时有助于增加评论的影响力。说"我觉得这是一本好书"，而不是"我之前读的时候，觉得这是一本好书"，以及说"我觉得这本书的情节发展很精彩"，而不是"之前读的时候，我觉得这本书的情节发展很精彩"，更容易让人觉得这条评价有所帮助。

这个发现非常有趣，但读者可能会怀疑，这种效果可能与所调查的产品类别有关。例如，大多数人一本书只会读一次，在写书评时大多倾向于用过去时，因此现在时更能给人耳目一新的感觉。

为了测试这种可能性，我们也对"音乐"这种涉及多次消费的产品进行了研究。在听单曲或专辑时，大多数人都不会只听一次，因此，现在时应该更有可能出现。

然而即使是音乐，我们也发现了同样的结果，即使用较多现在时态的音乐评论更有说服力。

事实上，对于各种不同的产品（如消费电子产品）或服务，这种模式也同样如此。在我们调查的各个领域，现在时都对语言的影响力起到了增强的作用。说音乐"很棒"而不是"当时很棒"，说打印机"好用"而不是"当时好用"，说餐馆做的墨西哥卷饼"好吃"而不是"当时好吃",这样的说法都会让人们觉得这些观点更有帮助、更有效且更具说服力。例如,听到海滩"气氛很好"而不是"当时气氛很好",更能说服人们对这个度假目的地产生好感。

其中的原因,与模糊限制语、犹豫和有力发言背后的基本原理相同。

过去时表示某事在特定时间点是正确的。如果有人说,"当时,那个求职者显得很聪明"或"那次,这个解决方案取得了效果",这表明发言者在某天面试时觉得求职者很聪明,或者解决方案在过去实施时取得了效果。

此外,因为个人经历原本就是主观的,所以使用过去时便表明所传达的内容也是主观的。例如,说一本书"当时"读起来很有趣,表明这个观点的基础是具体的个人经历,即评论者在读书的时候感觉有趣。

因此,过去时会传达一定程度的主观性和暂时性,这样的观点,基于一个人在特定时间点的经验。

而相比之下,现在时则含有更加普遍且持久的意味。说某样东西"很好",不仅意味着过去很好,还意味着在将来可能也会持续保持这个状态。说某样东西"管用",不仅表明过去管用,而且表明之后可能仍然管用。现在时表达的不只是基于特定人物或经历的主观观点,还是一种更加稳定的特质。无论针对什么人和在什么时间段,有些事实现在不变,将来可能也不会变。这不仅仅是一个人过去的经历,其他人在将来可能也会拥有类似的经历。[1]

因此，使用现在时会让话语更加掷地有声，因为这会改变听众对所分享信息的看法。现在时所传达的并非基于有限经验的个人观点，而是表明沟通者有足够的信心对这个世界的状态做出一般性的断言。这不仅仅是过去的样子，还是现在的样子，也很可能是将来的样子。这不仅仅是我个人的理念或判断，还是一个客观而普遍的真理。

如果某样东西看起来具有普遍性，便可能产生更大的影响。如果一家餐馆在你"上次"去时菜品味道不错，或是一家酒店在你"之前"光顾时服务优质，那或许值得一试。

但是，如果一家餐厅的菜品味道"不错"，或是一家酒店的服务"优质"，这些特质便更加值得称道，让听者更想要去亲身尝试。

换句话说，现在时不仅表明发言者对某事有自己的观点，还表示他们对这个观点很有把握。

相比于"曾经是 90%"，不妨告诉病人某种治疗方法的成功率"是 90%"，相比于说某疗法"曾经可以降低胆固醇'，不妨说"可以降低胆固醇"，这会让他们更愿意尝试。说某种饮食法"对减肥有效"，而不是"曾经对减肥有效"，会让减肥者更有兴趣实践。说一辆车"被评为"而不是"曾被评为《汽车趋势》杂志年

1　这一点与第一章中关于名词与动词的讨论有关。与其说某人跑步，不如称他为"跑者"，这样的叫法暗示了一些更基本的东西，即这个人的行为具有一定程度的持久性或稳定性。而现在时也一样：相比于说某样东西"当时很好"，说某样东西"很好"暗示着所指的主体拥有固有的品质。

度最佳汽车",会让消费者更有兴趣购买。

想要增加你的影响力吗？在展示一个大项目的成果时，请谈论你当前的感想，而不是曾经的感想。谈论某人现在的做事方法，而不是曾经的做事方法。即使只说一家餐馆的味道"不错"，而不是你"上次"去的时候味道不错，也更能鼓励对方去亲自品尝。

把过去时变成现在时，会让别人更愿意用心倾听我们所说的话。

找准表达不确定的时机

到目前为止，我们已经讨论了几种传达信心的方式：避免使用模糊限制语，而是使用确定词；不要犹豫；把过去时变成现在时。有力的发言可以让我们显得更加自信，增加对方听从我们建议的机会，但在某些情况下，表现得更加谨慎反而更有效。

感恩节是个特殊的日子，在这一天，人们从全国各地聚集到一起，与家人和朋友共度时光，享受美味的食物，对过去一年发生的一切美好的事表示感谢。

而除了各种传统习俗、节日游行和丰盛的火鸡大餐，最近，感恩节引起了一些分歧。在政治方面，现在的美国人比以往任何时候都更加两极化。我们常常会跟和自己所见略同的人共处，但这场与一大家子人的团聚，却往往意味着你必须走出舒适区，直面并非与你事事都能观点一致的人。

许多家庭都会张贴"不谈政治"的告示，但仍会有人不可避免地提起政治。他们或许失了业，或许没有获得政府福利，或许对经济形势感到沮丧。他们眼中该为这些问题负责的主体，与我们心中所想的大相径庭。就这样，一场礼貌的交谈很快就演变成了一场激烈的争论。

如果不想在客厅里和偏执的路易叔叔大吵一架，那有没有一种更文明的辩论方式？要是能再稍微改变一下对方的想法，那就更好了。

几年前，卡内基梅隆大学的研究人员招募了数百名人员，让大家探讨具有争议性或两极分化严重的话题，如堕胎是否应该合法，大学招生是否应遵守《平权法案》，以及符合某些要求的无证移民是否能合法留下等。对于这些问题，不同的人有着截然不同的观点。

一些参与者被要求写出一些具有说服力的信息，鼓励其他人改变主意。以堕胎为例，一位反堕胎倡导者写道，"可能迫使女性堕胎的因素"多种多样，"堕胎可能是一个人能做的最大决定之一，因为这牵扯到剥夺一个人的生命"。

而其他人只需倾听即可。他们先要表示对各种问题既有的态度（例如是支持还是反对堕胎），然后阅读别人写的具有说服力的信息，最后再汇报这些信息是否改变了他们的想法。

需要强调的是，在阅读具有说服力的呼吁信息之前，听众里的一些人需要阅读一段简短的笔记，在笔记中，说服者表达了对自己观点的怀疑。他们在笔记中指出，虽然觉得自己已经认真思考过这个问题，但却并不完全相信自己是对的。

如果说确定性总会产生令人信服的效果，那么对于怀疑的表达应该会对说服力有所削弱。毕竟，如果连说服者自己都不确定自己是对的，别人也难被说服。

然而在这个例子中，效果却恰恰相反。对某个具有争议的问题表示怀疑，会使说服力不减反增。尤其对于那些已有强烈信念的人来说，听到别人对自己的观点表现出不确定，反而会鼓励他们朝对方的观点靠近。

我们认为，在试图改变与我们意见相左的人的想法时，最好直截了当。我们想当然地认为，只要摆出事实，提供不带偏见的信息，对方就会接受我们的思维方式。

然而，并非所有人都能以同样的方式看待所谓"事实"。尤其是当人们对某事抱有强烈的信念时，目的明确的辩论通常会使对方规避或忽视威胁，或挑战其既有信念的信息。

因此，在试图赢得对方的支持时，过于直接可能会适得其反，导致对方对最初的观点更加深信不疑。事实上，有说服力的信息非但缺乏说服力，反而会导致相当一部分参与者的观点朝着相反的方向转变。

从某种意义上来说，说服可以分为两个阶段。第二阶段是对对方的观点或信息加以思考，并决定是否改变自己的理念。但在此之前，人们必须先确定自己的心理接受程度有多大，即是否愿意倾听。

人人都有一套反说服雷达或防御系统，当有人试图说服我们时，这种机制便会启动。某人或某事越是与我们的观点相左，我们就越不愿意倾听。改变一个人之所以困难，原因之一就在于人们根本不愿意思考与自己理念相悖的信息。

所以，在面对相反观点时，委婉一些往往会更有效。与其一上来就传达信息，不如从鼓励对方敞开心扉和愿意接受开始。

这就是表达不确定的意义所在。表现出自我矛盾或不确定性，会让我们看起来不那么具有威胁性。对自己的观点表示怀疑，承认矛盾观点的合理性，会让对方感觉得到了认可，从而更愿意倾听。这种做法承认了问题的复杂或微妙性，从而让对方更加愿意接纳。

不确定性意味着对不同观点持开放态度。因此，尤其是当问题具有争议性或在对方对某事深信不疑时，表达一点怀疑，实际上会更有说服力。

例如，在大众媒体对科学的报道中，研究结果的确定性往往会被夸大。头版文章报道说，喝咖啡会提高胰腺癌的发病率，或是短时间的爆发力锻炼要比长时间锻炼更有效。然而，虽然这样的声明适合作为头条新闻，但在几个月或几年之后，便可能相继爆出完全相反的论点。这不仅让公众感到困惑，也降低了人们对科学本身的信心。

有些人认为模糊限制语会降低科学家和记者的可信度，但事实并非如此。实际上，报道承认研究的局限性，有时会让读者认为科学家和记者更加值得信赖。

明知不确定性存在却刻意视而不见，会产生事与愿违的效果。这种做法会让我们显得过于自信或不符实际，从而削弱对别人的说服力。

因此在这种情况下，最好的办法就是表达不确定。例如，将陈述转化为问题就不失为获得反馈的好方法。这表示我们并非固执己见，而会对他人的观点或参与持开放态度。当然，我们拥有自己的观点，但同时，我们有兴趣倾听别人是怎么想的。

模糊限制语和其他试探性的语言也是如此。诸如"能够""也许"和"大概"这样的词当然显得有些含糊和模棱两可，例如，情报分析师就尽量不在简报中使用这类术语，避免遭到误解。然而，虽然这些词语暗示着某些事情的不确定性，但这种不确定性并不总是坏事。尤其是当我们想要小心谨慎，避免言行超出自己所知范围的时候。例如，说研究结果"意味着"而不是"证明"甲导致乙，这说明一种关系可能存在，但并未百分之百得到证实。如果你的目的是传达这样的信息，使用试探性的语言，不失为一种非常有效的沟通方式。

彰显魔力

语言不仅传达事实和观点，还能表明沟通者对自己表达的事实和观点有多自信。因此，语言不仅能够影响别人对我们的看法，还会影响到我们的发言的感染力。

想要给人留下更积极的印象吗？想要增加你的影响力吗？那就试试以下方法：

1. 避免使用模糊限制语，使用确定词。想要传达信心时，避免使用"可能""或许"和"在我看来"这样的单词和短语，这些表达方式传达了不确定性，表示说话人缺乏把握。相比于模糊限制语，试试使用确定词。诸如"绝对""肯定"和"显然"这样的词，意味着所说的内容不仅仅是一种观点，还是一个无可辩驳的事实。

2. 不要犹豫。"嗯"和"呃"这些词是话语中自然含有的成分，但如果用得太多，便会削弱他人对我们和我们所传达信息的信任度。因此，请将填充词剔除出去。为了减少犹豫，你可以提前计划好要说的内容，或者在需要的时候停下来整理思绪。

3. 把过去时变成现在时。现在时可以传达信心，并增加说服力。因此，想要表达确定的时候，避免使用过去时（例如"我当时很喜欢那本书"），而要使用现在时（例如"我很喜欢那本书"）。

4. 找准表达不确定的时机。表现笃定往往能得到有益的效果，但如果我们想要表现出思维开放、乐于接受相反观点或是能够体察细微情感的一面，那就不妨试着表达出不确定性。

利用自信的语言，我们可以展示自己的专业知识，表现出乐于接受相反观点的心态，从而鼓励他人赞同我们的建议。

　　到目前为止，我们已经讨论了两种类型的魔力词汇，即调动身份认同和能动性以及传达信心的词汇。接下来，我们来讨论能帮助我们问对问题的第三种魔力词汇。

3

问对问题

在工作中遇到看似无法解决的艰难任务，或是接到了需要自己动手，但实践起来却比预期困难的项目，我们可以通过各种各样的方式摆脱困境。比如，我们可以在网上进行搜索，通过头脑风暴想出不同的方案，或是反复试错，以求得到正确的答案。

然而除此之外，还有一个我们经常会规避的解决方案，那就是寻求建议。我们可以询问同事，或者打电话向朋友求助，但我们往往不会这样做。我们不想打扰别人——谁知道对方能不能帮上忙，就算能帮上忙，我们也担心对方会因此看轻我们。我们认为，寻求建议会让我们显得无能，于是便干脆选择跳过。

然而，这种直觉有没有可能是错误的呢？

2015年，沃顿商学院的几位同事和哈佛大学的一位行为科学家合作，让参与者完成一系列智力题。其中包括一些简单的问题，比如"美国第一任总统是谁？"（答案：乔治·华盛顿）；还有一些非常困难的问题，比如"'sesquipedalian'一词的正确定义是什么？"[答案：（单词）冗长而多音节的]。

参与者被告知，科学家想要研究交流方式会对问题的解决造成怎样的影响，因此在实验过程中，每个人都要与一位匿名搭档进行交流。参与者先要完成一些智力题，稍后，他们的搭档也要完成同样的智力题。

在完成了第一组题目后，参与者被告知他们的成绩不错（10个问题答对了7个），而搭档要稍微差些（10个问题答对了6个）。接下来，他们收到了一张来自搭档的便条。有些人拿到的信息只是一句简单的问候（"你好"），或是表达团结互助的只言片语（"你好，看来我们要并肩作战了"），但其他人收到的便条后却附加一个问题："对了，你有什么好建议吗？"

实际上，这位"搭档"并不存在。科学家想要看看，寻求建议的人会给人留下怎样的印象。也就是说，与单纯的闲聊相比，寻求建议会让一个人的形象变好还是变差。因此，他们让参与者和一位电脑模拟的搭档配对，这样一来，他们就能看到这位"搭档"说的话会给对方带来怎样的印象。

在收到来自"搭档"的信息后，参与者要从多个方面给对方打分，比如他们心中搭档的能力、资历以及技能高低。

如果说寻求建议会让我们显得能力较弱，那么，参与者对寻求建议的搭档的看法便会因此打折扣，也就是说，寻求建议的人会显得更加依赖别人或较为缺乏能力。

然而，事实却恰恰相反。

科学家对研究结果进行了分析，他们发现，寻求建议的搭档不但没有让人觉得能力较差，反而留下了更有能力的印象。其中的原因，在于寻求建议的举动给予对方的感觉。

人们都愿意觉得自己聪明。成为别人眼中有才华的人，说的话得到他人的重视，这种感觉很好。

也就是说，寻求建议能够满足提供建议一方的自尊，因此能帮助我们建立起聪明的形象。提供建议的一方并不会认为提问表明我们的能力或智力有所欠缺，而是会得出一个截然相反的结论："我的意见一定是有价值的，这说明，这个询问我意见的人也够聪明。"[1]

从某种意义上来说，寻求建议几乎与奉承无异。想要别人喜欢我们时，我们便常常会奉承对方。

虽然人们喜欢被人奉承，但却并不总是信任奉承他们的人。人们都有头脑，能够意识到别有用心的阿谀奉承。因此，奉承可能会适得其反。

然而，寻求建议不像奉承那么明显，因此也更加有效。与其赞赏对方优秀，不如干脆寻求建议，因为这能表明你对对方的尊重，换句话说，你认为对方很聪明，也重视其意见。

因此，寻求建议不仅有助于收集有价值的见解，还能让提问者显得更有能力。另外，寻求建议不仅能让给出建议的一方感觉更加能干、自信，也有助于提问一方留下更加积极的印象。

---

1 与任何策略一样，寻求建议也会涉及边界条件 —— 询问别人自己一无所知的事情，如果拿自己能够解决的事情向别人寻求帮助，可能会适得其反。

提问的好处

寻求建议，只是"提问"这一更加广泛的语言范畴中的一个例子。

无论在工作还是家中，我们都在不断地提出（和回答）问题。你更偏爱哪种解决方案？要花多少钱？你能把孩子从训练场接回家吗？据估计，人们每天都会提出（并回答）数百个问题。

问题有多种功能。当然，问题能够搜集信息或满足好奇心，但除此之外，问题也会影响到提问者给人留下的印象、谈话的流畅，以及说话人之间的关系。

对于任何社交场合，似乎都有无数个可问的问题。我们可以询问某人的工作和兴趣，甚至可以就对方早餐吃了什么这样的小事提问。

有些问题似乎可以促进人际关系，或是提升提问者的形象，但是，并非所有问题都如此。例如，如果提出让人尴尬或侵犯隐私的问题，对方就可能会丧失与我们沟通下去的兴趣。

那么，有没有哪些问题要比其他问题更有效呢？我们该如何选择适合提出的问题呢？

想要更有效地提问，不妨尝试以下4种策略：（1）做好跟进；（2）转移敏感话题；（3）不要乱做假设；（4）安全起步，稳步推进。

做好跟进

想要在人际交往中有效沟通，传统的看法较为重视个性和外表。有些人要比普通人更加有趣，更富魅力，或更为魅力四射，这些个人品质，让他们天生就更讨人喜欢。

另一种常见的解释是，人与人之间的相似性才是关键。例如，人们常说物以类聚，有共同兴趣的人可能会有更多或更有趣的话题可聊。

但是，尽管这些因素的确能发挥作用，但也有令人无奈之处。因为这些因素是无法改变的。我们的身高是固定的，一个人的性格难以改变，我们的确可以为了融入某个具体群体而研习区块链或斯多葛学派等领域，但具体操作起来谈何容易。

这是否意味着，我们中不那么有魅力的人就注定会失败呢？还有没有别的什么方法呢？

为了找出第一印象背后的驱动因素，来自斯坦福大学和加州大学圣巴巴拉分校的研究人员分析了数千次初次约会。他们收集了年龄等人口统计信息，身高、体重等身体特征，以及兴趣爱好等其他特质。此外，他们还捕捉了沟通的过程，用麦克风记录下每个人在整个约会期间所说的话。

不用说，外表起到了一定作用。例如，女性特别容易被身高高于平均水平的男性吸引。另外，相似性也很重要。人们更愿意和有相似兴趣爱好的人进行第二次约会。

除了这些固定的特征，人们使用的语言也发挥了重要的作用。提问能给人留下更好的第一印象，这会让人们产生合拍的感觉，从而更愿意进行下一次约会。

这一点，也适用于许多其他领域。举例来说，在陌生人之间相互了解的日常交谈中，更爱提问的人会让人感觉更加可亲，相处起来也更有趣。在医患之间的互动中，如果医生能多询问患者的生活和感受，患者的满意度就会变高。

另外，当研究人员深入研究时，发现某些类型的问题要比其他问题更有效。

正如关于寻求和提供建议的研究所表明的，提问可以让我们显得对对方的观点感兴趣，即我们足够关心对方和对方的观点，想要了解更多。同样，在约会或日常对话中，提问也衷明我们对对方以及对方想说的话感兴趣，而不是一味只想谈论自己。

因此从一定程度上而言，不同类型问题的效果，取决于问题表达了多少的关心和兴趣。

如"你好吗？"这类开场白问题，是日常用语中固有的组成部分。因此，我们很难判断对方是真的感兴趣还是只是出于礼貌。

所谓的镜像问题（像鹦鹉学舌一样反问对方提出的问题）的效果也与此类似。如果有人问你："午餐吃了什么？"我们通常会给出类似"鲁宾三明治，你呢？"的回答。与单纯回答问题（"鲁宾三明治"）相比，反问问题能够表现出一定的兴趣。这说明我们并不完全以自我为中心，而是有足够的兴趣或意识予以回馈。但是，把同样的问题重新抛回去并不费什么精力，因此不会对人际关系带来太大的好处。与寒暄式的问题类似，这种问题也无法清楚表达我们是真的感兴趣还是只是出于礼貌。

其他类型的问题甚至可能带来事与愿违的效果。如果有人说："我要请一个星期的假到山里去。"那么，像"你最喜欢哪部电影？"这样的问题在逻辑上就是不连贯的。这个问题和第一个人说的话没有什么关系，与讨论的内容也不相干。这种问题不但没有表达关心和兴趣，反而适得其反地表示：提问者要么没有在听，要么就是觉得谈话内容太无聊或无趣，直接切换了话题。毫不奇怪，这种问题不会让提问者给人留下积极的印象，甚至比什么都不问还糟糕。

相比之下，更好的提问方法是在刚才所说内容的基础上继续提问。例如，如果有人说自己是美食家，那就问他们喜欢吃什么类型的食物。如果有人表示担心某个新项目不成功，那就问问为什么会有这种感觉。如果有人表示对周末迫不及待，那就看看对方在期待什么。

跟进问题，鼓励谈话参与者做进一步的阐述，也就是透露更多的信息，提供更多的细节，或是描述更多的背景。

无论谈话对象是朋友、陌生人、客户还是同事，主动提出跟进问题的人会给人留下更加积极的印象。事实上，当研究人员对约会谈话进行分析时，他们发现跟进问题尤其有助于打造积极的印象。提出较多跟进问题的人，也更有可能得到第二次约会的邀约。

跟进问题标志着积极回应，因此能产生积极的效果。跟进问题表示提问者并非只是礼貌回应或通过问题来转移话题，还意味着提问者倾听和理解了所听到的内容，并想挖掘更多的信息。

想要博得对方的喜欢吗？想要表现出你的倾听和关心吗？那么，你不仅要问问题，还要提出对的问题。

跟进问题表明我们已经投入谈话之中。我们对谈话感兴趣，关注对方说了什么，并渴望了解更多。我们足够重视对方，愿意聆听对方所说的话，并深入提出更多的问题。

转移敏感话题

跟进问题虽然好用，但在不同的情况下，其他类型的问题也各有用场。

想象一下，你正在为一份梦寐以求的工作进行面试。你想要寻找一个新的挑战，恰好遇到了一个完美的机遇：强大的公司、优越的职位和明确的晋升机会，这似乎非常适合你。

面试的开端一切顺利，面试官似乎很喜欢你，但随后，事情的发展却遇上了减速带。在聊完了你的经历和能够运用在工作中的技能之后，面试官问到了你上一份工作的薪水。

这种难以回答的问题，我们经常会遇到。在谈判时，潜在买家经常被问及愿意出多高的价钱。在销售汽车时，潜在卖家经常会被问及汽车的维修记录。在面试一份工作时，求职者经常会被问到为什么离开上一份工作，是否有其他工作机会，甚至打算什么时候要孩子。

这种情况非常棘手，不仅会让人感觉不舒服，在某些情况下还可能涉及违规、违法。但即便如此，面对这样的问题，我们依然会感觉无处可躲。

我们的第一反应是诚实地回答，不加掩饰、实话实说。

然而，这种做法往往会带来高昂的代价。例如在谈判中，泄露私人信息的人可能会被对方利用。同样，在工作面试中，如果透露了之前的薪酬、离职的原因或打算要孩子的想法，我们可能会拿到更少的薪水，甚至与职位擦肩而过。

诚实回答往往会将我们置于不利地位，但除此之外，其他的选择也好不到哪里去。

然而，拒绝回答也会牵扯到问题。不用说，没有人喜欢拒绝回应的人。此外，虽然我们可能会为了保护敏感信息而拒绝回应，但闪烁其词往往也会透露过多的蛛丝马迹。如果有人问为什么离开上一份工作，而我们却不愿回答，这就表示我们想要掩盖某些不利的信息。

另外，撒谎也远非理想的回应方式。我们可以尽可能地省略相关信息，或者干脆凭空捏造，但欺骗不仅有违诚信，一旦被揭发，还会带来负面的后果。

总之，面对直接而敏感的问题，我们常常会感到不知所措。

我在沃顿商学院的几位同事想知道，这种问题是否存在更好的回应方式。因此在 2019 年，他们招募了数百名成年人，参加一项关于谈判的实验。

参与者需把自己想象成一家画廊的老板，要出售一幅名为《春之心》的画作。他们得到的信息表示，这幅画是他们以 7000 美元的价格购得的，而且是某位艺术家的四幅《心》系列作品之一。

另外，参与者还被告知，潜在买家愿意为这幅作品支付的价钱，取决于这位买家是否已经拥有该系列的其他作品。那些没有拥有其他作品的潜在买家只愿意支付大约 7000 美元的价格，但已经收集了其他作品并想要集齐四幅的买家，则可能愿意支付两倍的价格。然后，参与者两两配对，针对潜在的交易进行讨论。

不同对话的走向各不相同，但无一例外，每位参与者都询问了潜在买家是否拥有该系列的其他画作，因为这个因素对谈判至关重要。而这，就是这项实验的重头戏。为了检验针对敏感问题不同回答的效果，研究人员操控了买家（实际上是研究助理）对这种直接问题给出的回应。

买家对一些参与者给出了诚实的回答。他们表示自己确实拥有《心》系列的其他作品，这表明他们愿意出更高的价钱购买。

然而，在其他参与者面前，买家却没有给出回应。他们没有直接回答问题，而是表示不想讨论自己的收藏情况。

不难理解，尽管开诚布公在人际交往中很有效，但从经济角度来看却不是什么良策。参与者虽然非常喜欢且信任诚实回答的买家，但也会将画价哄抬到最高，竭力攫取他们的钱财。

从另一方面来说，拒绝回应的方法虽然能够有效省钱，但却很伤人与人之间的感情。虽然不给回应的买家能以更低的价格得到这幅画，但却让参与者心生疑窦，觉得这种买家有所隐瞒的可能性是诚实买家的两倍。

而除此之外，实验人员也试验了第三种更加有效的策略。第三组回应者既没有透露信息，也没有拒绝回应，而是选择了一种不同的做法：转移话题。他们没有透露自己是否拥有该系列的其他画作，也没有表示不想回答这个问题，而是提出了诸如"这系列的其他画作是什么时候创作的？"或者"那些画也能买到吗？"的问题。

也就是说，他们提出了一个相关的问题，作为敏感问题的回答。

那些看似有所隐瞒的人很难博得信任。因此，即便是面对不公平的问题，明确拒绝回答也往往会产生消极的后果。

另外，隐藏信息往往会遭人白眼，但寻求信息不但不会，反而能起到积极作用。例如，在面试过程中提问，可以很好地表达你对这个职位或这家公司的兴趣。同样，正如"寻求意见"的研究结果所表明的，人们喜欢别人来咨询自己的看法。

也就是说，用一个相关的问题作为回答，可以起到扭转局面的作用。这种做法表明我们并非有所逃避，而是很感兴趣且愿意参与。这种问题不会让我们看似不近人情和不值得信任，反而显示出我们关心在意，希望进一步深入了解。

这种提问的方法不仅具有这些效果，而且还能转移注意力。拒绝回应不仅会让人显得有所隐瞒，更大的问题在于，这样做并不会改变谈话的焦点。提问者仍然在寻找答案，若说有什么效果的话，拒绝回答反而会越发烘托出未解问题的重要。当被告援引第五修正案中反对自证其罪[1]的权利时，只会显得更加可疑。

相比之下，问题就像聚光灯一般，能将注意力集中在具体的主题或信息上。因此，如果我们能借助一个相关问题来回避敏感问题，便是将聚焦在我们身上的聚光灯转向别处。

如果面试官询问求职者打算什么时候要孩子，那么求职者可以通过"你有孩子吗？"这样的问题来转移话题。这会把注意力从求职者身上移开，转移到面试官自己的个人生活上。

如果面试官有孩子，那么谈话便可以转到孩子身上（这可能会让面试官感觉心里暖暖的），如果面试官没有孩子，那么两人可以一起对背负抚养孩子重担的父母表示同情。而与此同时，求职者规避掉了之前那个过分窥探隐私的问题。

研究人员发现，转移话题是"回答"敏感问题的最佳方式。在谈判中，转移话题能让谈判者获得比诚实披露更划算的条件（以更低的价格买到画作），同时让他们比拒绝回答的人显得更值得信赖和讨人喜欢。

转移话题的方法在其他一系列棘手情况下同样适用。例如在

---

1 美国宪法的第五修正案直接保障刑事被告拥有此特权。指刑事诉讼中的被告不得被迫承认自己犯罪或进行对自己不利的陈述。——译者注

谈判中，若被问及愿意支付的最高金额，我们可以回答："你心里有区间吗？"或者，如果在面试中被问到上一份工作的薪水是多少，我们可以回应："你能再详细谈谈这个职位的薪资范畴吗？"

即便我们的目的不是保护隐私信息，而只是照顾提问者的感受，转移话题的方法也有用。假如有人问你他们的演讲是否顺利或者衣服穿起来是否好看，如果答案是否定的，转移话题便可以帮助我们缓解答案的打击。诸如"你觉得怎么样？"或者"挺别致的，在哪儿可以买到类似的衣服？"这样的问题，不但让我们免于给出不必要的负面反馈，也让我们有时间衡量到底应该友善地实话实说，还是干脆不置可否。

和我们之前讨论过的许多策略一样，在转移话题时，我们也应该选择正确的方式。转移话题的目的不仅仅是用一个问题回答另一个问题。想要用有效的方式转移话题，那就要选择贴近谈话主题的问题。例如，如果面试官问我们上一份工作的薪水，转问对方早餐吃了什么就似乎是在闪烁其词，好像是我们在回避这个问题。

关键在于，要通过提出相关问题来表达兴趣，让对方知道，我们想要挖掘切题的信息，而不是在含糊其词。

不要乱做假设

被问及敏感问题时，用问题来转移话题能帮助我们摆脱窘境，但问对问题则会帮助我们更好地挖掘真相。

我们常会试着从别人那里收集信息。比如，我们可能会打听一个社区的优势和不足，一辆二手车的优点和缺点，或者一位求职者的长处和短处。

遗憾的是，别人的动机并不总是与我们相一致。例如，房地产经纪人会大力鼓吹优秀的教育设施和适合步行的街道，却隐去了压得人们喘不过气的房产税和限制重重的分区使用规定；二手车销售商会极力强调最近修理过的部件，而对没有修理的部件却只字不提；求职者愿意大谈最近得到的晋升（因为这增加了他们被录用的概率），却对因上班时间浏览社交媒体被解雇的事三缄其口（因为这对被录取没有什么帮助）。

那么，我们该如何鼓励人们透露可能将他们置于劣势之中的负面信息呢？

从表面看来，最简单的方法似乎是提问 —— 询问求职者是否有过遭到解雇的经历，或者询问房地产经纪人附近是否存在什么隐患。但事实证明，提出这些敏感问题的方式，会对我们能否发现真相造成巨大的影响。

为了检验提出敏感问题的正确方式，一些研究人员招来几百名参与者，让他们协商一台二手 iPod 播放器的售价。研究人员让参与者想象自己生日时收到了一台 iPod，虽然爱不释手，但鉴于苹果手机的功能比 iPod 功能更全，他们还是决定要买一部苹果手机。因此，iPod便闲置了起来。

幸运的是，iPod保存得很好，一直装在一个塑料盒里避免撞坏或刮伤，因此看上去和新的没两样。另外，里面还存有大量的音乐，买家可以自行选择保留或者删除。

唯一的问题是，这台iPod出现过两次完全死机的情况。解决这个问题需要整机重置到出厂默认设置，也就要删除存储在设备上的所有音乐。每操作一次，都要浪费几个小时的时间，而且无法判断死机是否或何时会再次发生。

每位参与者都在网上与一位潜在买家进行了简短的协商。除了一些一般性的信息之外，这位潜在的买家还问了一个问题。对于一些参与者来说，问题比较笼统（"你能给我讲讲这台iPod的情况吗？"）。对于另一些参与者来说，买家则问了一个更直接的问题，也就是这台iPod过去是否出现过什么问题（"这台iPod没有出过任何问题，对吗？"）。

当然，卖家把重点放在了优点上。他们谈到iPod的内存有多大，机身有多新，甚至还附带一个保护壳。与大多数战略信息的交换一样，他们强调了对自己有利的方面。

事实上，被问及"你能给我讲讲这台iPod的情况吗？"时，只有8%的卖家主动表示这台iPod在过去有过死机问题。即使死机情况可能会在未来重演，却几乎没有人自愿透露负面信息，因为他们知道，这会减少他们从这笔买卖中获得的收益。

显然，只问情况是不够的。那么，直接询问设备有没有出过问题，效果如何呢？

只能说有一点效果而已。

如果买家直接询问设备有没有潜在的问题（"这台 iPod 没有出过任何问题，对吗？"），部分卖家会相对诚实一些。在他们之中，大约 60% 的人承认这台 iPod 有过死机的历史。

但是，虽然直接询问会鼓励部分卖家透露负面信息，但 40% 的卖家仍然为了留下好印象而回避了这个问题。这意味着，在将近 40% 的情况下，买家支付了过高的价钱。

这个结果让人有些心寒。即便被问到看似最直接的问题，有的卖家仍然没有诚实回答。

或许有些人就是不诚实，不管被问到什么问题，这些人总能找到逃避的办法。骗子就是骗子，这是没办法的事。

这一点或许成立，但另一个问题，却出在语言本身。因为，像"这台 iPod 没有出过任何问题，对吗？"这样的问题虽然问到了隐患，但也做出了一个隐含的假设，即设备"没有出过任何问题"。

正如关于闪电约会（快餐式约会）和寻求建议的研究所表明的，我们提出的问题会影响别人对我们的看法。然而，这些问题不仅影响了他人眼中的我们有多聪明或招人喜欢，也影响到别人对我们掌握的信息和所持的意图的推测。

"你能给我讲讲这台 iPod 的情况吗？"这样的问题，会让被问方更容易关注积极一面。毕竟，这个问题没有直接涉及隐患，因此没有必要主动提出来。

即使换成一个更加直接的问题（"这台 iPod 没有出过任何问题，对吗？"），也表明买家没有掌握任何关于隐患的实际信息，且没有任何确凿的理由相信存在任何问题。因此对于卖家来说，省略这些信息仍然不会出什么问题。诚然，这么做有失诚信，但如果侥幸冒险的动机很诱人，而被人发现的概率又几乎为零，那么，撒谎的弊端也就不那么明显了。

这么说来，我们是否只能接受 40% 的人都在撒谎的现实？

也不尽然。这是因为，提出第三种问题，便会显著增加我们获得信息量更大答案的概率。

类似"这台 iPod 没有出过任何问题，对吗？"这样的问题，在无意间假设了设备并不存在任何隐患。虽然这种问题直接涉及隐患，但却传达出提问者认为一切正常的推测。

与一般性的问题（"你能给我讲讲这台 iPod 的情况吗？"）相比，这类问题表明提问者意识到隐患有可能存在，但也表明，提问者对深究这些隐患不太感兴趣。要么是因为提问者假定这些隐患不存在，要么是不愿起冲突，因此不大可能态度强硬地追问到底。

然而，我们还有一种询问隐患的方法：从反面进行假设，即假定问题存在，而不是一切安好。

诸如"这台设备有什么问题？"一类的问题，就能达到这种效果。这种问题没有隐含不存在毛病的假设，而是推测存在隐患，并表达了想要排除隐患的意愿。

此外，提出这种负面假设问题的人，也会给人留下不同的印象。这种问题表明，提问者并非没有意识到问题或是想要规避，而是既知道问题可能存在，也有足够的自信把问题提出来。

被问到这种问题，想要闪烁其词，就变得困难了许多。事实上，当第三组潜在买家提出"这台设备有什么问题？"时，卖家的回答坦率了许多。尽管正面和负面假设都直接问到了隐患问题，但在被问及负面假设问题时，卖家承认有可能存在问题的概率增加了 50%。[1]

问题不仅寻求信息，还会透露信息。问题揭露了我们掌握的知识、持有的假设，甚至能表明我们的态度有多么坚定。

因此，我们提出的问题不仅影响了别人对我们的印象，也影响着我们能得到的答案有多真实。当然，有一小部分人可能一向撒谎成性，或是在任何情况下都会极力隐瞒真相。但如果他们觉得有被对方识破的危险，撒谎的概率便会大幅下降。

然而，提出这类问题的意义，远远不止是避免谎言。

每天，医生都要接连不断地给病人看病。他们时间紧迫，必须迅速行动，因此会通过提一些问题来加快效率。面对来医院进行年度体检的人，他们可能会提出类似"你不抽烟吧？"或是"你的运动量足够吧？"等问题。这样的问题，可以帮劲他们对病人进行快速筛查。

然而，通过这种假定隐患不存在的问题，提问者便等于是在

---

1 有的读者可能想问，这样一个武断的问题是否会对人际关系产生负面影响。虽然这样的问题能够获取想要的信息，却会损害提问者的形象，使其被视为刨根问底、招人讨厌或者太咄咄逼人。事实却似乎并非如此。事实上，提这些问题的人给人留下的印象并不比其他提问者糟糕。

无意间鼓励对方给出一种特定的回答。如果病人长期吸烟或运动量不足，他们真的会反驳医生吗？毕竟，医生的问题让病人很容易用"不"或"是"来回答，而最省事的办法，就是假装不存在任何问题。

对方越是不愿透露某些信息，就越有必要在提问时避免做出（正面）假设，即避免假定问题是不存在的。病人知道医生不赞同吸烟或锻炼不足，因此会找来各种借口避免提及这些问题。对于涉及酗酒或吸毒的问题，人们就更是讳莫如深了。

想要鼓励观众畅所欲言时，同样如此。在发表演讲或讲解复杂的理念时，我们经常会问："你们没有什么问题吧？"然而，换成"大家有什么问题吗？"的问法，会鼓励更多不理解的人继续追问。

综上所述，虽然人们总有动机对一些信息进行遮掩，但若能问对问题，我们便能更有效地弄清事情的真相，发现任何可能存在的消极因素，并将这些因素纳入我们的决策之中。

然而，全凭直接也是不够的。在直接提问时，我们不仅要表明意识到负面信息可能存在，还要表明我们有足够的自信继续深挖，且不达目的不罢休。

当然，房东不会主动告诉你，这里的邻居爱开声音震耳欲聋的派对、孩子闹腾不休、小狗狂吠不止。然而，即便提出"邻居们怎么样？"这样的问题，也丝毫不会有助于房东透露信息。因此，我们必须学会在提问时使用正确的措辞（例如，过去是否有居民因为邻居太吵而提出过投诉？）。避免乱做（正面）假设，便能显著增加得到如实回答的概率。

安全起步，稳步推进

掌握问对问题的方法，是一项宝贵的技能。并非所有的问题都一样，不同的提问方式，效果也有所不同。

然而，除了挑选具体的问题之外，还要认识到，不同类型的问题在谈话中适用的时间点也各有不同。

20 世纪 60 年代末，加州大学伯克利分校的研究生阿瑟·阿伦正在努力寻找自己的研究方向。当时的他正在攻读社会心理学硕士学位，想要挖掘一些人们尚未深入研究的领域。他想要挑选一个人们认为无法进行科学验证的课题，找出破解的方法。

在寻找课题的同时，阿瑟在和一位名叫伊莱恩·斯伯丁的同学交往，两人坠入了爱河。在与她接吻时，阿瑟意识到两件事。首先，这是他想要共度余生的人；其次，爱情或许就是他应该研究的主题。

五十多年过后，阿瑟和伊莱恩仍是一对，并完成了一些不可思议的创举。他们一起周游世界，共同创作畅销书，还在巴黎、多伦多、温哥华和纽约等地旅居。

与此同时，阿伦夫妇改变了我们对人际关系的认识，无论是朋友、恋人还是第一次见面的陌生人。

两人的研究考察了人们建立和维持关系的方式，以及这种关系在个人成长和发展中所起的作用。他们研究了与伴侣一起做新奇或刺激的事情会对关系有何改善，跨越群体的友谊如何减少偏见，以及产生强烈恋爱快感的神经机制（给大家一点提示，这种机制与可卡因引起的反应相同）。

不过，两人最著名的工作成果，可能要数对于如何拉近人际关系的研究。稳固的人际关系意义重大。社会关系不仅为我们带来可以交谈的朋友，还能帮助我们过上更加快乐、健康的生活。人际关系的质量要比财富或成功更准确地预测幸福，也是健康的重要预测指标。诸多研究都发现，那些从家庭、朋友或社区获得强大社会支持的人，不仅出现焦虑和抑郁的概率更低、自尊心更强，且更加长寿。

然而，虽然亲密人际关系的好处显而易见，但这种关系通常需要一段时间才能开花结果。同事通常需要多次互动才能成为朋友，而恋人通常需要几星期或几个月的约会，才能开始建立稳固的恋爱关系。

此外，想要让关系更进一步，其实并不容易。比如，你想和办公室里的某个同事成为朋友，或者加深与一位泛泛之交的关系，那么，你可以试着跟对方偶遇，或者找个借口约对方喝杯咖啡。但是，想要找到合适的话题谈何容易。

阿伦夫妇想要探索更加有效的沟通方法，一种能够拉进两人关系的循序渐进、万无一失的方法。他们希望，这种技巧可以被朋友、彼此有好感的人，甚至刚刚结识的陌生人采用，而且不到一小时就能奏效。

这听起来非常困难，甚至完全做不到。毕竟，信任和亲密哪能在一夜之间建立起来呢？

虽然困难重重，但有些人际关系的确能够顺利建立并开花结果。比如陌生人在飞机上碰巧坐在一起，在下飞机时已经成了至交；从前不相识甚至对彼此没什么好感的同事碰巧在团建活动中组队，从此变得形影不离。

20世纪90年代末，阿伦夫妇创造了一种方法，并进行测试。这种方法能够促进社会纽带的形成和加强，利用这种方法，我们可以随时随地与任何人建立紧密的关系。

这种方法的核心，在于提出合宜的问题。

在实验中，两位参与者需要阅读和讨论三组问题。第一组的第一个问题很好回答："如果可以选择世界上任何一个人，你想邀请谁共进晚餐？"一个人先回答，然后另一个人也给出答案。

接下来，两人进入下一个问题："你想出名吗？以什么方式出名？"每个人轮流回答，然后进入第三个问题："在打电话之前，你有没有预演过自己要说的话？为什么？"

参与者轮流阅读问题并给出回答，他们有15分钟的时间，能回答多少就回答多少。

第一组问题

1. 如果可以选择世界上任何一个人，你想邀请谁共进晚餐？

2. 你想出名吗？以什么方式出名？

3. 在打电话之前，你有没有预演过自己要说的话？为什么？

4. 对你来说，"完美"的一天是什么样的？

5. 你上次自己唱歌是什么时候？上次给别人唱是什么时候？

6. 如果你能活到 90 岁，在生命的最后 60 年里可以保持思想或身体一直处于 30 岁的水平，你会选思想还是身体？

7. 你是否有一种神秘的预感，知道自己会怎么离世？

8. 说出 3 个你和你的搭档的共同点。

9. 你在生命中最感激的是什么？

10. 如果能改变成长过程中的一件事，你会改变什么？

11. 花 4 分钟的时间，尽可能详细地把一段人生经历讲给搭档。

12. 如果你明天一觉醒来就能获得某种品质或能力，你希望能获得什么？

15 分钟结束后，两人继续进行第二组问题。和之前一样，两位参与者轮流阅读和回答问题，并在 15 分钟内尽可能多地完成问题。

第二组问题

1. 如果有一颗水晶球可以展示关于你自己、你的生活、你的未来或其他任何事情的真相，你想知道什么？

2. 有没有什么事情是你一直想要做的？你为什么还没有行动呢？

3. 你人生最大的成就是什么?

4. 你在友谊中最看重的是什么?

5. 你最珍贵的记忆是什么?

6. 你最糟糕的记忆是什么?

7. 如果知道自己一年后会突然死去,你会对现在的生活方式做出什么改变?为什么?

8. 友谊对你来说意味着什么?

9. 爱情在你的生活中扮演什么角色?

10. 轮流分享关于搭档的优点,一共分享五项。

11. 你的家庭有多亲密和温馨?你觉得自己的童年比大多数人都快乐吗?

12. 你觉得你和母亲的关系如何?

15 分钟过后,两人进入最后一组问题。

第三组问题

1. 每个人都用"我们"做三个真实的陈述。比如,"我们都在这个房间里,都感觉……"

2. 把这句话补全:"我希望有个人可以和我一起分享……"

3. 如果你要和搭档发展亲密的友谊,请分享一些对方需要了解的信息。

4. 说出你喜欢搭档身上的什么特质,务必做到开诚布公,说一些你可能不会对刚认识的人说的话。

5. 和你的搭档分享生活中经历过的一个尴尬时刻。

6. 你上次在别人面前哭是什么时候？自己哭又是什么时候？

7. 说出对方身上一个已经让你产生好感的特质。

8. 有没有什么话题是庄严神圣到不能拿来说笑的？

9. 如果你今晚就会死去，而且没有机会和任何人交流，你最后悔没有对谁吐露怎样的心声？你为什么还没说出口呢？

10. 你的房子和里面所有的家当都被火烧着了，在救出你的亲人和宠物后，你还有时间安全冲进去抢救一件物品。你会如何选择？原因是什么？

11. 在你的亲人中，谁的去世最让你无法接受？为什么？

12. 分享一个私人问题，问问搭档会如何处理这个问题。另外，也让搭档向你反馈，你对这个问题表现出的感受是什么样的。

为了检验这种方法是否有效，阿伦夫妇进行了一系列实验。他们邀请了数百名陌生人进行简短的对话，其中一部分人彼此互问了这 36 个问题。在对话结束时，参与者需要评价自己与谈话对象的亲密度和默契度。

两个素昧平生的人只进行了 45 分钟的交流，与一般形成社会关系所需的几个星期或几个月相比，要短了很多。

然而，这种完全建立在提问基础上的互动却非常有效。与那些只是闲聊的搭档相比，经历了实验干预的搭档感觉更亲密，也更默契。他们表示，对比与亲友等人的人际关系，这位刚刚结识不久的搭档在亲密程度上处于中间位置。

此外，无论参与者在刚开始时是性格相似还是相异，这种方法都同样有效。即便是价值观、个人偏好或政治倾向不同的搭档，也能通过这些问题感觉更加亲密和有默契。

从那时候开始，这种所谓的"快速交友"技巧便帮助成千上万的陌生人建立了情感纽带。在讲座和新生课堂等场合，阿瑟经常使用这些技巧来帮助人们建立联系。除此之外，还有人运用这些技巧促进跨越种族的友谊和减少偏见。在冲突迭起的城市中，人们甚至利用这些技巧来增强警察和社区居民之间的信任和理解。

这些技巧的实用性引人注目，但这些问题如此有效的原因同样引人好奇。是不是所有问题都能同样有效地拉近人们的关系？如果答案是否定的，按这样的顺序排列的这些问题，又何以如此有效呢？

第一个问题很好回答：不，不是所有的问题都能同样有效地把人们联系在一起。漫无目的闲聊的陌生人也会提出一些问题（比如"去年万圣节你是怎么过的？"或"今年夏天你做什么了？"），然而，这些问题却不能同样有效地增强亲密感。

发展亲密关系通常会涉及自我表达。即便是最后发展为朋友或伴侣的两个人，也不会一开始就打得火热，而是先会寒暄和闲聊，寻找话题填补谈话间的空白。

但是，一些关系之所以能发展得更加深入，是因为做到了更进一步。这就是超越寒暄和探讨更为深刻的话题，揭示一些关于自己的事情，了解一些对方的信息，真正地建立联系。

提问或许能帮助我们达到这个效果。我说的不是随意的问题，而是深刻而有探索性的问题，比如："如果你今晚就会死去，而且没有机会和任何人交流，你最后悔没有对谁吐露怎样的心声？你为什么还没说出口呢？"

这些可不是诸如"你好吗？"或者礼貌询问周末要做什么之类的问题。这些问题难以回答，发人深省，鼓励人们思考和自省，给出经过深思熟虑的答案。

这样的问题可以鼓励人们敞开心扉，涉及的不是天气或其他肤浅的话题，而是深入表层之下。这种问题有助于自我表露和自我揭示，鼓励人们抒发真实的自我。

这么说来，明显的解决方法就是跳过寒暄，不要浪费时间闲聊，直接询问这些深入探索的问题。

但是，这样做有一个漏洞。想象一下，一个刚认识两分钟的陌生人竟贸然问你，快死时最后悔没有跟别人说什么话，你会如何回应？面对这个刚刚认识的人，你会欣然回答这个问题，推心置腹地透露关于自己的信息吗？

恐怕不会吧。

实际上，我们很可能干脆找个借口避开这次谈话。就算有所回应，我们给的答案也会非常粗浅。因为，我们和对方还不够熟络，无法坦诚相见。我们对对方的了解还不够深入，因此不愿分享。真实而深刻的自我表露，需要某种既有的人际关系作为基础。

这就是挑战所在，想要建立这种社会关系，我们就要事先公开一些关于自己的信息。

"快速交友"的技巧之所以如此有效，部分原因就在于此。这种技巧并非直接跳到沉重的话题，而是让人渐入佳境，鼓励循序渐进地表露自我。

最初的问题无伤大雅，既笼统又简单，先打出几个容易接的"低球"，再挑出一个"高球"来"破冰"。想要和谁共进晚餐是一个有趣的问题，任何人都可以回答。这个问题不太涉及隐私或刺探私事，因此人们都很乐意分享答案，即使对方是刚刚谋面的陌生人。

回答这样的问题不会让人觉得有什么风险，但答案仍是一扇可以窥视回答者的窗户，即便只打开了一条窄缝。如果你的搭档选择了勒布朗·詹姆斯、罗马教皇、阿尔伯特·爱因斯坦或马丁·路德·金，你便能对对方及其看重的事物有所了解，明白对方是否热爱运动、重视宗教、热爱科学，或是关心社会正义。这个答案虽然不会向你透露一切，但已开始建立起一个基础。

最初的一点自我表露，虽然只披露出微不足道的信息，却能提供燃料，鼓励搭档也做出同样的表达。作为回应，提问者会透露一些自己的情况，而这反过来又会鼓励搭档进一步抒发心声，由此逐步建立联系。

放下心墙的相互表达，有助于促进亲密关系。但想要达到两人愿意互吐心声这一步，却并不容易。人人都害怕敞开心扉流露太多，或者自己的坦诚得不到回报。很多人都愿意跟在别人身后表达，但很少有人敢于第一个站出来。

在这种情况下，"快速交友"技巧中的问题就派上了用场。这些问题不会来势汹汹，但也不会一直毫无起伏。这些问题先是安全起步，然后稳步推进，越发深入地探索和揭露真相。这些问题需要双方都做出回应，确保沟通双方都要做出贡献，从而加深信任。对于任何人来说，这种持续进行、不断升级、有来有往的自我表露都能加强相互之间的联系，拉近彼此的距离。

彰显魔力

人们常说，没有愚蠢的问题。但是，问题肯定存在好坏之分。

问题帮助我们收集情报，也能传达关于我们自己的信息，引导对话的发展，并建立起社会关系的纽带。而相应地，我们也需要学会掌握提问的内容和时机。

以下是 5 条供大家参考的策略：

1. 寻求建议。这不仅能让我们获得有用的见解，还能让我们显得更聪明。

2. 做好跟进。提问能让我们给别人留下一个好印象，还能促进积极的互动，但跟进问题表明我们有兴趣和意愿了解更多，因此尤其有用。

3. 转移敏感话题。对方提出不合理的问题时，我们可以提出一个相关的问题，把谈话引向另一个方向。这样做既保护了个人信息，也表现出兴趣来。

4. 不要乱做假设。想让对方透露可能存在的负面信息时，注意不要在提问时假设一切安好。

5. 安全起步，稳步推进。想要进行深层的自我表露，需要社会关系作为基础。然而，在进行这一步之前，我们首先需要有足够的安全感。因此，要加深社会关系或是把陌生人变成朋友，就要鼓励彼此互动的自我表露，做到安全起步，稳步推进。

知道该在怎样的时机提出合宜的问题，有助于我们树立更好的形象，收集有用的信息，与周围人建立起更有意义的联系。

除了问题之外，还有一种魔力词汇值得我们关注，那就是利用具象性的词汇。

4

利用具象性

几年前，我在去机场的路上收到了每位旅客都不愿收到的短信：我的航班被取消了。我已经在路上奔波了几天，一心盼着回家，因此，眼前的处境更显糟糕。此外，选择这趟航班，就是为了能早点回家哄孩子睡觉。但现在，我不但不能陪在孩子身边，也不能跟我此趟旅行要见的咨询客户多待一会儿，而是要被困在机场里，哪儿也去不了。

更糟糕的是，航空公司想要为我重新订票，但他们没有预订当天晚些时候的直飞航班，而是重新预订了第二天的中转航班。事情发展至此，我已非常不满，于是，我给客服打去电话，试图解决问题。

电话那头的客服代表形同虚设，没有真正倾听，也没有真正理解问题，仿佛一直拿着脚本一样的东西照读。这位客服只是佯装"关心"，一句接一句地回应套话，却没有真正用心地切实解决问题。在 20 分钟的一问一答之后，我终于进入了当晚直飞航班的等候名单，但那时，我已经气得火冒三丈了。

那位被迫旁听了这场唇枪舌剑的好心优步司机对我表达了同情，就这样，我们慢慢聊了起来。我讲到自己的沮丧，也表达了对必须为所有客户处理问题的客服代表的同情。航班被取消不是他们的错，但他们却得终日待在那里，一个接一个地对付像我这样愤怒的顾客。

对我来说，这似乎是一份艰苦的工作，但那位优步司机却意见相反。他说，他的女儿就在一家航空公司的客服部门供职，而且很喜欢这份工作。不仅如此，她很擅长为顾客排忧解难，航空公司已经对她进行了提拔，让她向其他客服代表传授有效工作的经验。

刚听到这话时，我非常惊讶。在这种情境下，让顾客满意似乎相当困难。大多数打电话的顾客都是为了处理航班取消、延误或行李丢失等问题，而这些并不是客服代表打个响指就能解决的。

但细想下去，我不禁好奇起来：如果他的女儿如此擅长应对棘手的问题，那么，她在解决问题时所用的措辞是怎样的呢？除了客服代表能够承诺的补偿（比如航空公司退费或是调换航班），还有没有其他让顾客更加满意的沟通方式呢？

为了研究这个问题，格兰特·帕卡德和我整理了一个数据集，里面囊括了一家大型在线零售商接到的数百个客服电话：比如阿肯色州的某位顾客的行李箱打不开；圣路易斯的某位顾客的鞋子有瑕疵；萨克拉门托的某位顾客想要退回一件不合身的衬衫。

在一家转录技术公司和一组研究助理的帮助下，我们将录音制成数据。我们将这些电话内容转录为文字，把客服代表和顾客说的话分离开来，甚至对音高和音调等声音特征进行了测量。

每位顾客打来电话的原因各有差异，但大多数电话都遵循着同一个常见的模式。客服代表做了自我介绍，顾客简要描述自己遇到的问题，客服代表尝试解决问题，比如弄清行李箱打不开的原因、鞋子出了什么问题，或是帮顾客退回衬衫。如果有需要，客服代表会查看系统或咨询经理，收集信息。然后，如果问题得到了解决，客服代表便会传达找到的信息或采取的措施，看顾客是否还有其他问题，并结束通话。

然而，虽然这些电话本身的结构相似，但产生的结果却千差万别。一些顾客对服务很满意，觉得客服代表很有帮助，但其他顾客就没那么满意了。

不难理解，造成这种结果的部分原因，在于顾客打来电话的理由。一些顾客打电话是因为账户出了问题，还有一些人是因为订单出了问题。一些人打电话是为了处理较大的问题，另一些人的问题则较小。

但是，即便对打电话的内容、顾客的人口统计数据及其他几十个变量进行控制，客服代表的说话方式也仍然扮演着重要的角色。特殊的说话方式，尤其有助于提高客户满意度。

为了理解这种说话方式，我们必须理解第四种魔力词汇，即所谓的具象性词汇。

我们可以通过3种方法对具象性词汇加以利用:(1)让对方感觉得到了倾听;(2)把抽象信息具象化;(3)掌握抽象表达的时机。

让对方感觉得到了倾听

有些事物是非常具体、实在的。比如,门、桌子、椅子和汽车都是具体而有形的物体。你可以用眼去看,用手触摸,你清楚地知道这些东西是什么,甚至可以在脑海中描绘出来。比如,如果需要画出一张桌子的样子,即便五岁的孩子也能做到。

相比之下,其他事物就不那么具象了。以爱、自由或思想为例,所有这些都是较难理解的无形概念。这些东西不是实体,所以我们触摸不到,也难以在脑海中描绘出其形象。例如,如果让人画出"民主"的样子,你可能会得到一个茫然的眼神。我们到现在还不清楚民主的样子,也不知道民主到底有没有所谓的"样子"。

从本质而言,有些事物要比其他事物更加具象。但即便如此,在讨论同一个对象时,我们往往可以对表达方式的具象程度加以选择。

例如,牛仔布料的裤子可以称为"裤子",也可以称为"牛仔裤";水果馅饼可以用"美味"或"美味得让人垂涎欲滴"来形容；与其用"数字化转型"这样的说法，不妨试试"方便顾客在网上和商店里购物"。在以上三个例子中，后一个版本（"牛仔裤"或"美味得让人垂涎欲滴"）都更加具象，也就是更加精准生动，更容易描绘或想象。

我们所分析的客服电话也是如此。例如，面对帮顾客找某双鞋的请求，客服代表可以回应"找鞋""找那双鞋"，或是"找那双石灰绿色的耐克鞋"。在回应关于送货的问题时，客服代表可以说包裹会"送达""送达您家"，或是"送达您家门口"。在讨论退款事宜时，客服代表可以说我们会"帮您""帮您退"，或者"帮您退款"。

同样地，在以上三个例子中，最后一种回答的语言更加具象。"石灰绿色的耐克鞋"要比"鞋"更具象，"送达您家门口"要比"送达"更具象，"帮您退款"要比"帮您退"和"帮您"更具象。最后一种回答中的用词更加准确、具体和切实。

看起来，这些区别或许只是简单的措辞问题，但实际上却显著影响了顾客对沟通的感受。

使用具象的语言，能够使客户满意度得到显著提高。当客服代表使用更加具象的语言时，顾客会对沟通更加满意，并认为客服代表更乐于助人。

语言具象的好处远远不止体现在顾客的感受上。我们对来自一家不同零售商的近千次电子邮件沟通进行了分析，发现语言的具象性对购买行为产生了类似的影响。当客服代表使用更加具象的语言时，顾客在接下来几周内的有关花费上涨了30%。

俗话说，"空谈没有价值"。但在我们的案例中，仅凭"空谈"，便能收获巨大的回报。

无论是解决问题还是销售产品和服务，一线员工每天都要与许多顾客打交道。呼叫中心的客服代表电话不断，一会儿帮一位顾客解决旅行箱的故障，一会儿又帮另一位顾客解决网站登录问题。零售业的工作人员刚刚帮一位顾客找到了一件夹克，又要帮另一位顾客退回一条裤子。销售人员则常常要出席一场接一场的推销会，向五花八门的客户宣传产品的优点。

在这种情况下，我们很容易依赖某种套话。无论问题涉及夹克、裤子还是其他什么东西，我们都会用"我很乐意帮忙"或者"很抱歉出了问题"作答。这种抽象而笼统的回答几乎在任何情况下都适用，有助于节省时间和精力。

然而，这种广泛的适用性也存在一个缺点。

想象一个购买衣服的场景。你找到了一款喜欢的 T 恤衫，但却找不到想要的灰色，于是便向两名员工求助。一名员工说："我去找找。"另一名说："我去找找那件灰色的 T 恤衫。"如果一定要从中选一个，你觉得哪名员工倾听得更用心？

我们向数百人提出了这个问题，结果，第二个，也就是更具体的回答（"我去找找那件灰色的 T 恤衫"）以压倒性的优势胜出。一般性的回答（如"我去找找"）在任何情况下都可以使用，但这种一般性意味着回答并不非常准确或具象。因此，选用抽象用词的人到底有没有用心倾听，我们也就没有那么清楚了。

包括顾客在内，人人都希望得到倾听。无论是打电话给客服的人、要求与经理交谈的人，还是心事重重走进你的办公室的人，都希望对方倾听自己的担忧，帮忙解决问题。

　　然而，想让一个人感觉得到了倾听，必须做好三件事。首先，必须让说话的人感觉到我们在关注他们所说的话。其次，必须让说话的人感觉到我们理解了他们所说的话。最后，我们必须证明自己用心倾听了。

　　其中的关键，在于最后一项。想象一下，与一个不给予回应的人交谈是何感受。对方可能注意倾听了我们所说的每句话，甚至已经完全理解。但如果没有某种表明用心倾听的外部信号，我们就无从知道对方有没有把话听进去。

　　因此，仅仅倾听是不够的。为了让人感觉到被倾听，我们必须向对方表达自己的确在倾听。在给出回应时，我们必须让说话人知道，我们注意且理解所说的话。

　　这就是具象性语言的价值所在。客服代表可能已经注意到并理解了问题，但如果没有通过一些外部信号表达这种理解，顾客就无从知晓。

　　具象的语言提供了这种信号。准确而具象的用语表明，听者并不是在走过场，而是在努力关注和理解对方所说的话。换言之，听者的确在认真倾听。

　　具象的语言能够提高客户的满意度和购买力，因为这种语言向顾客表明，员工倾听了他们的需求。如果想要满足顾客的特殊需求，第一步就要加以理解。因此，虽然关注和理解需求是倾听的关键因素，但使用具象的语言会更进一步。具象用语，是用心倾听的表现。[1]

倾听很重要，并且如果你的目的是让对方开心，那么表现出我们确实在倾听，往往更重要。即便我们倾听了合作伙伴或客户所说的话，为了让对方对这一举动加以理解消化，我们也必须在回应时表明我们真正理解了。其中的一种方法，就是使用具象性语言。

例如，如果伴侣说上班不顺心，我们很容易回答"肯定很难熬"或者"真够糟心的"。但这样的回应太过抽象，不大可能产生预期的效果。这种笼统的话，无法表现我们真的在乎。

相比之下，具象的语言要更为有效。无论是"副总裁竟然迟到了 45 分钟，也太离谱了吧"，还是"投影仪坏了，你一定很焦虑吧"，这种具象的语言都表明我们在认真倾听、用心关注。

与客户之间的互动也是如此。使用具象性语言说明我们理解了详细信息，并能以此为基础，进行拓展或做出回应。

表达倾听是具象性语言的优点之一，事实证明，这种语言的优点远不止这一个。

举例来说，使用具象性语言进行表达，会让观点更加容易理

1　注意，具象的语言也必须与当前的情况相关。如果顾客抱怨鞋子做工很差，而客服代表使用了完全不相关的具象性语言（比如"很高兴为您找到了那件夹克"），那就不会使顾客的满意度提高。不仅不会提高，反而有降低的效果。只有当具象性语言表明对方注意并理解了你所说的话时，才真正有效。

解。与此类似，我们对数千个技术支持网页页面的分析发现，人们认为语言较为具象的页面更有帮助。与更抽象的语言（例如，"关于部分信任安全许可名单"）相比，使用更具象的语言（例如，"如何分割和移动键盘"，或者"检查电池并为手表充电"）不但便于读者理解内容，也让读者感觉更有助于问题的解决。

除此之外，具象的语言也有助于对事物留下深刻的记忆。读者更容易记住具象的短语（例如"生锈的发动机"）和句子（例如，"当飞机在跑道上快速移动时，乘客会在座位上后倾"），而不容易记住抽象的语句（例如，"可用知识"或"流动的空气会在与气流成一定角度的表面形成向上推力"）。

因此不难看出，具象的语言能够带来许多有益的效果。具象的语言能够吸引对方的注意，鼓励对方支持我们，并推动想要得到的行动。

事实上，语言的具象性甚至会影响到假释委员会的决定。在囚犯为自己的行为道歉时，对罪行给出较为具体解释的人更有可能获得假释。

把抽象信息具象化

既然具象的语言好处多多，我们为什么不能更加频繁地利用呢？毕竟，如果说具象的语言能够方便我们理解、记忆，以及更加积极地对待事物，为什么还会有人用抽象的语言说话或写作呢？

在表达想法时，我们往往会对谈论的事物有较深的了解。销售人员对自家产品或服务的所有优点如数家珍，教师对所用教材了如指掌，经理则要花费数月时间思考新战略计划的细枝末节。从某种程度上来说，详细的了解是件好事。如果对产品或服务知根知底，我们就可以锁定针对具体潜在客户最有效的卖点。如果通晓某个科目，我们就可以引入相关的理念，帮助学生更好地理解。如果花时间认真思考新战略计划，我们就更能够准确掌握确保计划执行成功的必要条件。

然而，通晓知识有时是一种福分，有时也可能是一种诅咒。因为一旦人们对某件事了如指掌，就容易忘记生疏的感觉，难以想象出不具备如此深刻的理解时的感觉。

在估计别人知道或不知道什么时，我们往往会以自己的知识作为出发点。我们会推测，别人掌握的知识和我们一样多。例如，与同事谈论一个新创意时，经理们通常会以自己的理解水平作为依据，比如，数字转型的细枝末节对我来说都很容易理解，其他人肯定也有同感，也该跟我一样一目了然。

因此，我们常常使用简称、速记和行话进行交流，也就是我们认为其他的内行应该能够理解的单词、短语或句子。

但我们忘了，虽然解析某些问题对我们来说小菜一碟，其他人却或许没有同感。我们会花很多时间思考某事，或是本身就对某事具备深入的了解，却往往忘了体恤可能还没达到这种水平的人。

出于这个原因，我们经常用别人难以理解的方式说话。例如，想想你上次与财务顾问交谈或是找汽车修理师修车的情景。他们可能会说某项投资"不能算真正的催缴资本"，或者大谈"传动轴是根据标定马力和扭矩设计的，但目前车辆的功率要比标定马力大得多"。很显然，这些行话已经成了他们的"第二天性"，但却让我们不禁怀疑他们是不是在讲外语。

这种诅咒有一个恰如其分的名字，叫作"知识的诅咒"[1]。之所以称为"诅咒"，是因为我们知道得越多，就会认为别人知道得越多，相应地，我们的交流也会变得晦涩难懂。

其中的罪魁祸首，便是"抽象性"。

对某件事了解得越多，我们就越会自然而然地用抽象的方式进行思考。寻找解决方案的过程变成了"架设构思"；确定客户购买产品的理由，变成了"确定价值主张"；泰勒、玛丽亚、德里克和几百名新人员工成了"人力资本"。诸如"使命宣言""营销计划"和"企业文化手册"[2]这些词，都带着浓重的行话意味。

然而，这不仅是商界的问题，而且是所有领域都难逃的通病。汽车修理师说汽车修理师的行话，教师说教师的行话，财务顾问说财务顾问的行话。即便是伟大的医生，也往往不善沟通。他们可能理解问题本身，但却会用非常抽象的语言进行解释，让病人听得一头雾水（例如，他们会笼统地说"改变生活方式"，而不是"提高锻炼频率"）。

1　也称"专家盲点"，属于认知偏差的一种。指一旦了解某样东西，在与他人交流的时候，我们会无意间假设对方也具备相应的背景知识。——译者注
2　指规定公司文化的文件。——译者注

我们需要对抽象的问题进行具象处理。无论对方是同事或客户、学生或销售代表、病人还是项目经理，我们都要能够把抽象的想法用具象的语言表达出来，方便对方理解我们所说的话，并依此采取行动。

使用"手机"而不是"设备"这样的词，会方便对方更好地理解。用"运动型""红色"或"跑车"来形容车辆，会使车辆的形象更加栩栩如生。与其说我们"去"仓库找一个更大尺寸的工具，不如使用更易想象和精准的语言（比如"马上去"），这样能够更好地说服顾客相信我们会尽最大努力解决问题。

不太具象	较为具象
裤子	牛仔裤
退	退款
家具	桌子
那件	那件 T 恤衫
很美味	美味得让人垂涎欲滴
态度好	态度热情
在	去
处理	修理

另外，大家也可通过 http://textanalyzer.org/ 网站来衡量任何英文的具象程度。

掌握抽象表达的时机

到目前为止，我们已经讨论了具象语言的优点及优点背后的原因。具象的语言意味着你在认真倾听，方便人们对事物进行理解，甚至能让道歉变得更有效。

然而，具象的语言在任何情况下都适用吗？还是说，抽象的语言在某些情况下更加好用呢？

无论你走到哪里，估值高昂的初创公司都满眼皆是。2007年，由于付不起旧金山公寓的房租，布莱恩·切斯基和乔·杰比亚把客厅地板上的空气床垫租给来旧金山参加大型设计会议的人。现在，两人的公司爱彼迎的市值已经超过了1000亿美元。两位好友总是因为打车难而叫苦不迭，于是，他们把这个创意转化为打车应用程序优步，现在，这家公司的价值与爱彼迎几乎齐平。从网络文件同步工具多宝箱、快速物流平台 DoorDash、在线个人造型服务 Stitch Fix、运动休闲一站式预约平台 ClassPass、罗宾汉市场股份公司、眼镜电商 Warby Parker、在线语法纠正和校对工具 Grammarly、日常食品杂货配送平台 Instacart，到鞋品服饰平台 Allbirds，在数百家市值逾10亿美元的独角兽初创公司中，这些只是冰山一角。

然而，初创公司成为独角兽之前，创业者要做的第一件事就是融资。除了要有想法，他们还必须说服早期投资者出资，铺设创业的条件。

筹备资金是件非常困难的事情。著名的科技创业孵化器 Y Combinator 每年会收到两万多家创业公司的申请，但最终却只能为几百家出资。大多数风险投资基金支持的初创公司甚至更少。

创始人都会创建融资演示材料，起草演讲文稿，提交资金申请，但是，是什么因素让其中的一些比另一些更有效呢？为什么有些人能获得支持，而其他人却碰壁失败呢？

2020 年，哈佛商学院的一位教授及其同事对美国某年的融资申请进行了分析。其中，一家风险投资公司希望入股有意扩大规模并尚处初期的公司，也就是有意进行长期增长的新兴企业。这家风投公司愿意在首轮为每家初创公司投入 200 万美元，并有可能在随后的融资轮中将这一数字增至 500 万，甚至 1000 万美元。

不出所料，这家公司收到了大量的申请。超过 1000 份的申请来自各个领域，从科技、金融、医药到 B 2 B[1] 服务，应有尽有。除了提供相关公司及其创始团队的信息之外，申请人还需要提供一份业务执行摘要。

例如，一家公司正在研发一种能够追踪血液酒精含量的可穿戴设备，该公司在宣传文案中表示：

在一晚灯红酒绿后醒来，后悔昨晚没少喝一杯。这样的经

---

1 Business-to-Business 的缩写，属于商业模式，参与其中的企业为其他企业或组织提供产品和服务。——译者注

历，大多数社交饮酒者都应该有过……他们可能因宿醉而头疼欲裂……可能在减肥期间破了戒……（或者）对昨晚的某些事断了片。但是，他们并没有上瘾。他们不想戒酒，而是希望通过一些工具，在享受小酌和醒来后头昏脑涨之间划清界限。而我们所做的，就是为用户提供这样的工具。

一家专注于设备租赁的金融科技公司在宣传文案中表示：

（我们的诉求）是为中小型企业开发一种快捷的解决方案，应对可能在未来 4 到 5 年内发生的租赁会计方面的变化……现行的租赁会计准则是 30 多年前制定的，允许承租人将大部分租赁业务移出资产负债表。多年以来，这些规定无法反映公司的真实财务状况……因此一直受人指责。最近，财务会计准则委员会发布的一份征求意见稿要求承租人将租赁资本化，从而解决这一问题。换句话说，就是将租赁业务展现在资产负债表上。

投资者会阅读这些宣传文案，并做出相应的决策。他们会判断每家初创公司是否具有增长潜力（是否具备强大的规模化增长力），决定是否考虑为其融资。

为了了解投资决策背后的驱动机制，研究人员考察了各种因素。他们衡量了每家初创公司所在的行业，目标受众是企业还是消费者，提供的是产品还是服务，以及创始团队的规模。

不难理解，业务本身的各个方面非常重要。在投资者眼中，一些行业具有很高的增长潜力，而其他行业则相形见绌。同样，初创公司提供的产品或服务也很重要。在投资者看来，与服务相比，产品更容易实现规模化。

除了公司本身和关注的业务领域之外，研究人员还对宣传文案进行了分析，即申请者表达的内容以及表达的形式。

有人可能会认为，宣传文案的语言并不重要。毕竟，投资的成功与否在很大程度上取决于公司业务所处的领域，或者是否拥有一支强大的领导团队。

然而，即便拥有这些条件，宣传用语也会对投资决策产生重大的影响。语言较为抽象的宣传，会让投资者认为这家公司拥有更大的增长潜力和更强的规模化能力。另外，抽象的语言也能提高获得投资的概率，并增加初创公司进入首轮融资候选的机会。[1]

从某些方面来说，这样的效果相当惊人。毕竟，这些风险投资家都是经验丰富的老手，已在数十家初创公司投资了数千万美元。他们见过企业以数十亿美元价格上市的辉煌，也目睹过创意在几个月内就破灭的惨淡。因此，创始人仅靠语言这一简单工具便能影响决策，着实出乎意料。

然而，更加令人震惊的是有助于增加投资的语言类型。毕竟，具象的语言拥有便于理解和加深记忆等诸多好处。既然如此，不那么具象（更抽象）的语言为什么有助于增加投资呢？

1　这也是女性创始人往往更难获得风险投资的原因之一。女性倾向于使用更加具象的语言来宣传正在创建的业务，而男性则倾向于使用更抽象的语言，描述业务长期发展前景这一较为广阔的视野。正如一位风险投资家所说："依我所见，男性推销的是独角兽公司，而女性推销的则是具体业务。"

事实证明，答案与具象的语言所传达的潜力有关。正如我们所讨论的，具象的语言通常涉及物品、动作和事件可观察到的层面，也就是存在于此时此地，能够看到、触摸或感觉到的事物。

因此，具象的语言可以帮助人们想象谈话内容，有助于人们理解复杂的话题。拿宣传文案为例，使用具象的语言可以帮助潜在投资者理解一家公司的功能，以及致力解决的当前问题。

然而，在决定是否投资一家初创公司时，理解并不是投资者所关注的主要条件。他们不仅要试图理解一项业务，还想要预测这一业务的潜力，即不仅理解业务能否生存下去，还要预判业务能否繁荣发展。该业务未来增长的可能性有多大？是否不仅是有可能，而是有很大的可能？实现规模化增长的难度有多大？

虽然具象的语言有助于增进理解，或者将复杂的话题表达得更加清晰，但对于一家公司的增长潜力这种话题，抽象的语言相对更加好用。这是因为，具象的语言关注的是此时此刻的有形事物，而抽象的语言着眼于大局。

我们来看看优步这家以打车应用程序闻名的公司。2009 年成立时，这家公司大可将其业务描述为："一款方便打车、为乘客和司机牵线搭桥、减少等待时间的智能手机应用程序。"这样的描述非常确切，能很好地说明这家公司的业务，非常具象地运用精准的语言帮助人们理解优步业务的性质。

但是，这并不是唯一一种描述优步业务的方式。实际上，一位联合创始人对公司给出了截然不同的定位，将这款应用描述为"一种便捷、可靠、人人都唾手可得的交通解决方案"。

从某种程度上而言，其中的差异似乎微不足道。因为，这两种描述都能让我们大致了解优步的产业定位以及努力取得的成效。

第一种描述相当具象，而这位联合创始人所选的公司宣传语却要抽象得多。他没有专注于范围窄得多的叫车服务本身，而是将优步称为"交通解决方案"，触及了优步试图解决的更广泛的问题。

这样的措辞让潜在市场显得宽泛了许多，从而使投资得到了增加。如果只把优步称为叫车应用程序，效果如何呢？我觉得，只有少部分人会有这方面的需求，而且真正有此需求的频率也屈指可数。

但是，如果把优步称为交通解决方案呢？天哪，范围仿佛一下子拓宽了许多。很多人和公司都会用到交通工具，而且工具的用途也显得多了起来。[1]

我们不仅是一家金融科技初创公司，还是一家解决方案提供商。我们不只是设备制造商，还是生活质量的改善者。

抽象的语言并非只专注于单个利基市场，而是将市场描述得更加广泛。鉴于更大的增长潜力，公司的投资前景也显得更加光明。

因此，使用具象的语言还是抽象的语言，取决于我们想要达到的结果。

1　除此之外，使用抽象的语言还会让创始人显得更有远见，不仅关注公司目前的状况，还关注公司未来的发展。也就是不仅看重现状，也看重可能性。对于业务的可能性以及如何随着时间的推移而增长或拓展，他们拥有广阔的视野。

如果你意在帮助人们理解复杂的想法、感觉得到了倾听或是记住所说的内容，使用具象的语言会更加有效。比如，你可以使用强调行为的动词（例如走路、谈话、帮助或是改进），而不是形容词（例如诚实、积极或是有用）。你可以描述实物或使用激发情感的语言，让对方更好地理解我们所说的话。

但是，如果想让对方觉得我们的创想很有潜力，或是将我们视为充满远见的人，在这种情况下，抽象的语言则更加有效。

同时，抽象的语言暗示着沟通者更有能力，能够成为更好的管理者或领导者。使用抽象的语言来描述日常活动（例如，将不搭理某人描述为"表现出反感"，而不是"不打招呼"），会显得说话的人更专注大局，因此更加强大，更能主导和控制大局。同样地，更加抽象地描述产品（例如，某产品"营养丰富"，而不是"含有大量维生素"），会让说话者显得更有管理者或领导者的派头。

总之，抽象的语言并不方便听者加深记忆，也不太能帮助听者理解复杂的理念。但是，如果听者有权决定给谁投票或提拔谁担任管理职务，使用抽象的语言，便更有可能把他们往想要的方向引导。

更为概括地说，在选择具象或抽象的措辞时，一种有用的方法，就是把注意力放在"怎么"和"为什么"上。

想要使用更加具象的语言吗？那就把注意力放在"怎么"上。比如，产品怎么才能满足消费者的需求？新提出的倡议怎解决重要问题？思考某件事"怎么样"或应该"怎么做"，有助于表达具象性。这种方法侧重于可行性，有助于衍生出具象的描述。

想要使用更加抽象的语言吗？那就把注意力放在"为什么"上。比如，产品为什么能满足消费者的需求？新提出的倡议为什么能解决重要问题？思考某件事为什么是积极或正确的，有助于表达抽象性。这种方法侧重于可取性，有助于衍生出抽象的描述。

彰显魔力

抽象表达非常容易。对于自己深刻了解的事物，我们尤其倾向用自认为好理解的笼统概括的方式进行沟通。

然而遗憾的是，这种方法往往达不到效果。因此，我们需要充分挖掘具象性语言的威力。

1. 让对方感觉得到了倾听。想让别人知道你在用心倾听吗？那就使用具象用语。提供具体的细节，表明我们的确在用心倾听，也理解了对方的意思。

2. 利用具象性。不要只选好听的词，而要用听者能在脑海里想象出来的词汇。相比于"架设构思"这样的抽象词汇，"红色跑车"这样的具象词汇更容易想象。

3. 掌握抽象表达的时机。虽然具象的语言在大多数情况下都很好用，但如果我们的目的是表现得强大而有能力，或是凸显出讨论的话题的潜力，那就应该选择抽象的语言。

另外，在选择语言时，请注意：专注于原因。思考事情背后的原因有助于保证交流的有效性，便于沟通大局。

总之，无论我们的目的是帮助人们理解我们所说的话、让对方感觉得到了倾听，还是加深交流互动，具象用语都能派上用场。

到目前为止，我们已经讨论了调动身份认同和能动性、传达信心、问对问题以及利用具象性的词汇。在下一章里，让我们来研究第五种魔力词汇：激发情感的词汇。

5

激发情感

盖伊·拉斯在加州的西科维纳长大，梦想成为一名记者。报刊记者是他梦寐以求的职业，而最优秀和成功的报刊记者都是从《芝加哥论坛报》这样的机构起步的。因此，他便将简历投到了这里。

　　可是，《芝加哥论坛报》没有录用他。《达拉斯晨报》《巴尔的摩太阳报》以及他申请的其他报刊也纷纷对他说不。没有人愿意雇用他。

　　因此，当许多毕业生都在咨询或金融行业里获得了高薪职位时，22岁的盖伊却接受了一份处于工资水平另一端的职位——实习生。由于在纸媒界找不到工作，他只得接受一档电台节目的实习机会。

　　盖伊仍然没有放弃成为一名记者的梦想，因此，他在业余时间自由撰稿，只要有人愿意接，他就愿意写。他零零碎碎地发表文章，主要的平台是华盛顿特区的一家免费另类周报[1]。

他坚持不懈，努力工作，一步步往上走。他做过制作助理、制作主管，最终成为一名驻外记者。他曾报道东欧和巴尔干半岛地区的新闻，继而成为美国有线电视新闻网驻耶路撒冷记者，然后回到美国，报道五角大楼和美国军方的新闻。

时光来到今天，即使你不知道盖伊的名字，也很可能听过他的声音。2013 年，盖伊成为《TED 广播时间》(*TED Radio Hour*)的主持人和编辑总监。2016 年，他创办了创业播客节目《我的创业历程》(*How I Built This*)，从那以后，他继续创办并主持了其他热门节目，如《巅峰智慧》(*Wisdom from the Top*)、《惊奇世界》(*Wow in the World*)和《艺术音乐人生》(*The Rewind*)。他是播客史上第一个拥有三档下载量最高节目的人，每月有超过 2000 万听众，是最受欢迎的播客主持人之一。

只要听一听盖伊的一档播客，你就会明白节目大受欢迎的原因了。盖伊是讲故事的高手。在他说话的时候，你很难不用心倾听。

虽然有些话题本身就引人入胜，但盖伊确实有一种不可思议的能力，可以把任何话题描绘得栩栩如生。无论是真空吸尘器的发明还是肥皂公司的创立，无论是德国天文学家的生平还是人类嗅觉的运作原理。

在多年驻外记者生涯中，盖伊打磨了自己的技艺，善于在当

---

1 另类媒体是相对于主流媒体的种类，在内容或传播方式等方面特立独行，对主流媒体的权威声音提出异议。——译者注

今最劲爆的新闻背后挖掘人们的经历和人与人之间的悲欢离合。

在这个过程中，盖伊意识到，伟大的故事往往有共通之处。这些共通的因素或原理，能让任何事情显得更加扣人心弦。想要挖掘这些因素，我们不妨从盖伊的一次差点出状况的采访开始。

几年前，盖伊采访了戴夫·安德森（Dave Anderson）。这是一位著名的美国原住民企业家，他拥有诸多产业，不仅是传奇坑烤式烧烤连锁店——著名戴夫餐厅（Famous Dave's）的创始人，还协助成立了家庭主题的热带雨林连锁餐厅（Rainforest Café）。

和每一集《我的创业历程》一样，这次的采访旨在讲述戴夫的成功历程。也就是说，讲述曾经只在2300人口的小镇上拥有一间烧烤店的戴夫，如何建立起一个拥有近两百家门店的餐饮帝国。

然而，盖伊却一直将重点放在失败上：戴夫的燃油添加剂推销工作如何一无所获，他的花卉生意如何破产，著名戴夫餐厅的董事会又是如何在戴夫想重返公司时拒绝给他席位的。

戴夫的情绪越发紧张起来。没过多久，他的沮丧情绪便越发明显起来。采访进行到一半时，他停下来大声问道："你为什么一直揪着我的失败经历问个没完？！"

这场采访让戴夫感到猝不及防。本以为要细数人生高光时刻的他，觉得盖伊是在故意让他难堪。他不愿开诚布公地分享自己犯下的最惨痛的错误，尤其是在数百万听众面前。不用说，他在这次采访中如坐针毡，离场时也非常不悦。

戴夫并不是唯一有此反应的人。我们希望把注意力集中在成功的经历上，尤其是在公共场合，比如斩获的订单、增加的销售额，以及赢得的客户。简言之，就是我们的高光或光辉时刻。社交媒体可谓一张名副其实的精选专辑，展现的尽是甲升了职，乙在巴巴多斯度假，或是丙买了新车 / 得了大奖 / 获得了重大的认可。

我们认为，宣传这种精心策划、万般粉饰的表象会博得人们的喜爱。这样一来，人们便会越发觉得我们值得称赞和了解，或是具有雇佣价值。

然而，这种直觉正确吗？

将缺陷变成财富

1966 年，几位行为科学家针对犯错进行了一项实验。他们给明尼苏达大学的学生播放了一段录音，录音的内容是一位"选手"（实际上是实验组请来的演员）参加大学智力竞赛团队选拔的录音。

遗憾的是，这位选手不太够格。他只答对了 30% 的问题，表现得也没有那么聪明犀利。

更糟糕的是，在一些学生听来，这位选手还犯了一个错误：他笨手笨脚，把咖啡洒在了崭新的西服上，而另一些学生听的版本中却没有这一段。

不出所料，犯错使学生对选手的印象减了分。相比于没有弄洒咖啡，把咖啡洒到自己身上的选手给学生留下的印象较差。

然而，犯错并不总是坏事。比如，如果一开始就告知学生这位选手的能力很强（比如他答对了 92% 的测试问题），那么犯错不但不会降低学生的好感，反而让他们更喜欢这位选手。

同样是咖啡，同样是洒了自己一身，但产生的效果却截然不同。

研究表明，错误本身并无好坏之分，其影响取决于更广泛的背景信息。当能力差的人犯错时，只会加深别人已有的负面印象，有"坏上加坏"的效果。

然而，当有能力的人犯错时，效果则截然相反。我们很难对成功人士产生代入感，他们看起来完美无缺，错误很难与他们建立起联系。因此，犯错反倒能产生积极的效果。这是因为，当能干的人偶尔犯错时，会显得更加平易近人，这让他们显得更接地气，也因此更讨人喜欢。

盖伊之所以想问戴夫一些难堪的问题，就是考虑到了这种所谓的"出丑效应"。盖伊并不是想让戴夫难堪，或是抖出他的糗事，而只是想彰显他人性化与亲和的一面。

因为，如果我们对某人的了解只是其背后一个接一个的成功事迹，那就很难产生认同感。这样的人显得如此与众不同，让我们难以产生共鸣。但如果这个人跌过跤，或是克服过某种逆境，那么产生共鸣就顿时显得容易多了。

事实上，在这一集播出后的几个星期里，许多朋友、同事和顾客都联系了戴夫，对他的诚恳表示了感谢。在这些人之中，大多数都知道他的成功与辉煌，但却没有意识到他在取得成功的过程中经历了多少挑战。这些困境和艰难的时光，给予了他们灵感和希望，让他们相信一切皆有可能。

"出丑效应"让我们看到，缺陷也能转化为一笔财富。然而，在激发情感这一涵盖广泛的议题中，这只是区区一个例子。

有4种方法可以帮助我们激发情感：（1）搭建情绪过山车；（2）在积极时刻中穿插消极时刻；（3）考虑语境；（4）调动不确定性。

搭建情绪过山车

故事是日常生活中必不可少的元素。我们时常讲故事，比如会议进行得如何，我们这个周末做了什么，或者为什么认为自己适合某份工作。讲故事是为了表达观点、宣传想法，抑或只是为了与朋友交流感情。不讲故事的时候，我们会通过书籍、电影、节目和播客来消费故事。

不过，故事也有好坏之分。有的故事更有趣、扣人心弦、引人入胜。这些故事不会让听者昏昏欲睡或是想要去做其他事情，而是让他们迫不及待地听下去，想看看接下来会发生什么。

不难想象，很久以前，人们就开始寻找好故事的要素。例如，《第五号屠宰场》和《猫的摇篮》的作者库尔特·冯内古特（Kurt Vonnegut）就认为："故事拥有能够画在图纸上的形状。"[1] 冯内古特在他的硕士论文中提出理论：人物经历的起落可以用图形表示，从而揭示故事的形状。然而，该理论却"因为看似太过简单有趣而遭到了否决"。

以《灰姑娘》这一经典童话故事为例。深爱的母亲去世后，善良的女主角的世界天翻地覆。父亲再婚，新任妻子有两个邪恶的女儿，经常虐待灰姑娘。仿佛这还不够凄惨一般，父亲也很快离开了人世，留下灰姑娘做邪恶继母的女仆。（不同的版本中故事情节稍有出入。）

但就在看似山穷水尽的时候，事情出现了转机。灰姑娘遇到了她的仙女教母，参加了舞会，与英俊的王子坠入爱河。而遗憾的是，当午夜钟声敲响时，灰姑娘只得被迫逃离舞会，而继母则极力阻挠王子找到她。但最终，灰姑娘还是和王子有情人终成眷属，故事画上了完满的句号。

冯内古特可能会用这样的图形表现灰姑娘的故事：

1　冯内古特可能是第一批以如此明确的言论阐明这一观点的人物之一，这个话题本身却由来已久。公元前 4 世纪，亚里士多德提出，所有的故事都有共同的模式或轨迹，可以分为三大关键部分。1863 年，德国作家古斯塔夫·弗赖塔格（Gustav Freytag）在亚里士多德的理论基础上提出，戏剧可以分为五大部分，即引子、上升情节、高潮、回落情节和结局。近期，从叙事理论家、语言学家再到文学学者和所谓的剧本医生，都对情节结构和故事的形状提出了自己的理论。

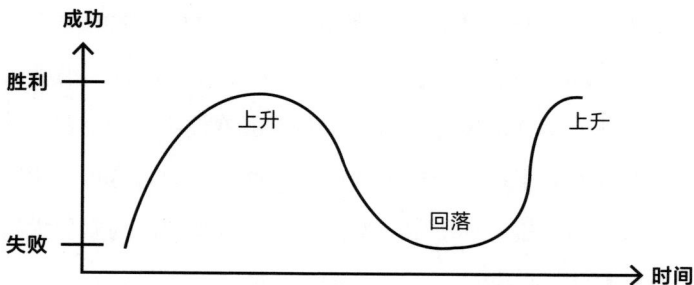

故事从低潮起头。灰姑娘的母亲和父亲先后亡故，她沦为残酷继母的女仆。然后，事态开始出现转机（她受邀参加舞会，遇到了一位王子），但在此之后，情况又糟糕起来（她不得不在午夜钟声敲响时逃离）。最终，故事圆满收场。

鉴于故事的重要性，故事有形的理论吸引了大家的好奇心。在冯内古特提出这个理论之后的几十年里，该理论不断激荡着大众的想象。冯内古特讲解故事的各种形状的视频在网上疯传，各大新闻媒体都在连番报道，声称世上所有的故事都可以用几个普通常见的模式来表达。

故事有形的概念固然有趣，但想要真正识别出这些形状，却并不那么容易。例如，有些人认为灰姑娘的故事呈现某种形状，而在另一些人眼中则是截然不同的其他形状。

此外，即使故事确实有形状，我们仍需探索这些形状是否真的重要。注意到故事有不同形状是一码事，然而，探索某些表达方式是否真能让故事更加吸引人和感染人，则完全是另一码事。

为了回答这些问题，我和几位同事对讲故事的科学性进行了深入研究。我们首先对数千部电影进行了分析，其中既有《阿甘正传》和《黑客帝国》等大片，也有《湿地》和《我的无形符号》等小型独立电影；有《饥饿游戏》和《逃离德黑兰》等较新一点的影片，也有《大白鲨》和第一部《星球大战》等经典老片。

为了将这些影片的形状量化表示出来，我们对这些影片使用的词语进行了分析。

有些词语带有较为积极的意味。比如"笑""幸福""爱"和"彩虹"，都属于非常正面的词语，经常出现在积极乐观的语境中，大多数人听到时都会感到振奋。

而相比之下，像"流行病""葬礼""残酷"和"哭泣"这样的词，则更具负面意义。它们代表着不讨人喜欢的东西，大多数人听后都会有消沉的感觉。

像"无论如何""重复"和"匹兹堡"这样的词，则介于两者之间。它们在积极和消极的语境下都可以使用，大多数人的情绪都不会因为这些词有太大的起伏（除非你恰巧对匹兹堡这个地方抱有强烈的喜爱或厌恶）。

我们把每个电影剧本分成几十个片段，将每个片段的长度保持在几百个单词，然后算出每个片段中积极性单词的平均值。[1] 角色找回失去的爱人、与朋友团聚或发现丢失的宝藏的片段，会得到相对积极的分数，而痛苦的分手、争吵分歧或主角濒死挣扎的片段，则会被打上消极的分数。

1　虽然有人可能会怀疑这样的方式不准确，但测量结果与人们的判断高度符合。也就是说，被评为较为积极或消极的片段，往往也得到了人们同样的评价。

然后，我们用这些分数来表现每部电影的情感轨迹，就像《灰姑娘》故事的图形一样，展现出故事不同部分的事件是积极的还是消极的。

为了让大家有个大致的概念，在此附上"星球大战"正传第一部（《星球大战4：新希望》）中故事的情感轨迹。

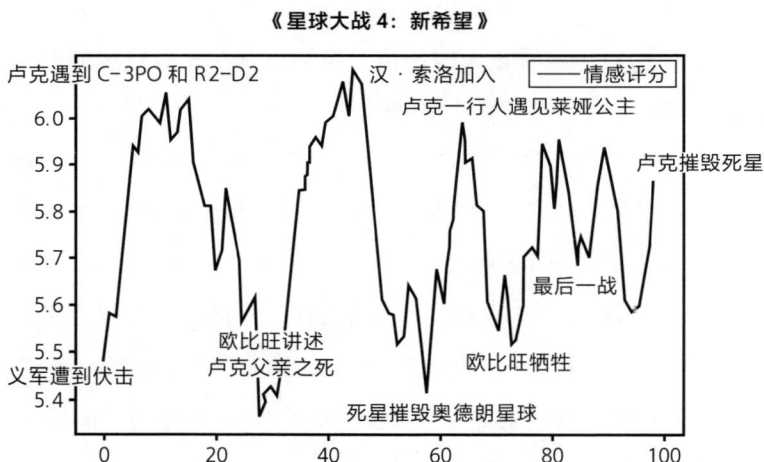

《星球大战4：新希望》

主角卢克·天行者受命拯救莱娅公主，还要摧毁邪恶的银河帝国。故事中有较为积极的片段，比如卢克和汉·索洛成为好友，以及卢克救出莱娅公主并从死星逃脱。与此同时，故事中也有消极的片段，包括卢克的叔叔婶婶被杀，卢克的导师为了让其他人逃脱而牺牲自己。不过，故事最终还是以积极的基调结束：在导师声音的指引下，卢克摧毁了敌舰，并与朋友们一起欢庆胜利。[1]

一个积极或消极的单词并不能透露太多信息，但如果将数百个单词放在一起，却能让我们较为全面地认识到正在发生的事情。当卢克的朋友被杀或叔叔的农场被毁时，故事中用到了很多负面词语。角色们有的伤怀，有的哭泣，或是义愤填膺、惊恐不安。但当反派被杀或是旗舰被毁时，上下文中的词语就变得乐观明快了。角色们庆祝、欢呼、跳舞或拥抱，措辞也变得更加积极。剧本中的词语能够解释情节发展的本质，让我们甚至无须观看电影也能知道情节的走向。

一旦把情绪用图表示出来，我们就可以研究成功的电影是否倾向于遵循某种模式。

相比于消极的经历，大多数人更喜欢积极的经历。相比于被炒鱿鱼，我们更愿意升职；相比于吃一顿淡而无味的午餐，我们更愿意吃一顿美食；相比于去看牙医，我们当然更想去拜访朋友。事实上，如果让人们描述理想的一天，大多数人都会在一天中填满积极的经历，而略去消极的经历。

然而，这样的做法，是无法打造出一段精彩故事的。

想象一个全部由美好因素堆砌的故事。主角受到所有人的喜

---

1 这种测量方法并非万无一失。例如，"杀死"一词会在主角杀死反派（这是一个非常积极的时刻）时出现，也会在有人杀死主角最好的朋友（这是一个非常消极的时刻）时出现。同样，单凭"摧毁"这个词，也无法区分被摧毁的东西是反派的旗舰还是主角叔叔的农场。尽管很难确定单个词语的准确含义，但总体来说，词组所表达的情感还是可以较为准确地说明正在发生的事情的性质。

爱，想要的任何东西都唾手可得，他／她在长满向日葵的田野里嬉戏，鸟儿高唱着一首幸福的歌谣。这段故事的情感轨迹可能是这样的：

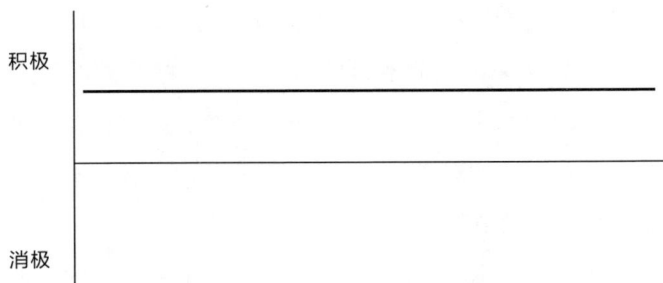

这或许是一段养眼的人寿保险广告，但放在电影中呢？潜在的观众可能会去找更有趣的内容吧。

这是因为，虽然相比于消极的经历，我们往往更喜欢积极的个人经历，但在读书或看电影时，没完没了的积极经历会显得单调无聊。对于故事来说，戏剧张力才是关键。灰姑娘会和王子幸福地共度一生，还是下半辈子都摆脱不了擦地板的命运？卢克和义军联盟能够摧毁死星吗？抑或，胜出的是黑暗势力？如果答案一眼就能看穿，我们就不需要看完故事了。但是，正是因为我们不清楚情节的走向，所以才会为了找到答案而继续关注。

许多成功的故事似乎都遵循这些模式，使用了类似的结构。其中的角色必须克服各种考验和磨难，才能拥有幸福的结局。例如，在"星球大战"系列和"哈利·波特"系列故事中，主人公都必须坚强面对父母的死亡。他们在之后结识了朋友，事态开始有所好转，但随后灾难再度降临，如此循环往复。道路上的每个障碍或每次颠簸，都是主人公在到达最终目的地之前必须克服的挑战。

在以上及此类故事中，情绪轨迹似乎遵循一种波浪式的形状。如同山脉一样，先缓慢攀至高点，然后缓慢下降到低点，然后再重新攀升。

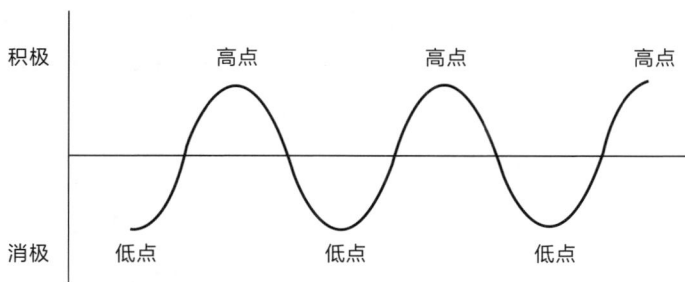

我们在分析时发现，穿插着对比鲜明的高潮和低谷的电影更为成功。也就是说，最扣人心弦的，是那些反复从最低的情感低谷攀至最高的情感高潮，然后再次回落的故事。

《我的创业历程》中最吸引人的几集节目，也遵循了类似的模式。某位创业者有一个本以为能够改变世界前景的大好创意，谁知，一位重要的供应商却在最后一刻选择了退出。创业者克服了挑战，开始拿到一些订单，但就在终于积攒起人气时，一家大型零售商却取消了订单。就像天平两端的砝码一样，积极因素很快被消极因素所抵消。

这种模式，就是盖伊如此擅长讲故事的秘诀之一。诚然，他会询问创业者的成功经验，比如他们说服的客户、开设的门店，以及吸引的顾客。

但与此同时，盖伊也会询问失败的经历，也就是那些没能奏效的方法，比如损失的资金、被困的死胡同以及吃到的闭门羹。

这是因为，将低谷与高潮穿插在一起，不仅能让成功人士变得更接地气，还能构建出一个更精彩的故事。

有人创办了一家公司，公司得到飞速发展，最后以 1 亿美元的价格出售，这样的故事并不引人入胜。情节不仅不跌宕起伏，而且不太能让人产生共鸣。这是因为，大多数人从未有过如此立竿见影、持续不断的成功。

然而，如果某个创业者花了 7 年时间打造了一个又一个产品原型，但每一个原型都遭到了否决。抑或，一个人被 279 家零售商拒绝，终于在找到第 280 家零售商时谈拢了合作。这样的故事，效果如何？

相比之下，这样的故事要有趣得多。

低点也被称为"绝望的深渊"，能将高潮反衬得更有感染力。看到灰姑娘和王子从此过上了幸福的生活，这固然让人高兴，但这种高兴就像目睹别人的事业一帆风顺一般。然而，当你觉得这个故事完全有可能往不同的结局发展时，这种幸福感就更显弥足珍贵了。[1] 最后关头的反败为胜，更能让人回味无穷。

在积极时刻中穿插消极时刻

突出障碍，或者让情节从低到高，然后再次回落，这些方式会让故事更吸引人。但除此之外，我们还发现了一些其他方法。让我们来看看这两个故事的发展轨迹。

故事 1
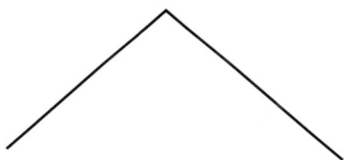

故事 2

两个故事的高潮和低谷相同，但情感轨迹却有很大差别。故事 1 中的曲线非常流畅，事态的发展越来越积极，达到高潮，然后开始回落。过程虽然大起大落，但却是持续连贯的。

1　这样的故事不仅更吸引人，而且能赋予听众克服自己生活中困难的信心。毕竟，如果别人能做到，我为什么不能呢？

故事 2 的曲线却波动较大。高潮虽然相同，但过程不是持续上升或下滑的；而是呈现出更加凹凸不平的锯齿状。事情先是朝着积极的方向发展，然后急转直下，接着再次好转。

平稳和跌宕的情节，哪种更有感染力呢？

无论身处什么环境，人类都非常善于适应。被甩或被炒鱿鱼在当下看来是件坏事，但我们很快就会重新振作，找到一线希望，展望起更加美好的未来。

对于积极的事情，也是如此。刚开始的时候，得到理想的工作或买到梦想中的房子的感觉很好，但最初的兴奋很快就会散去。

以中彩票为例。想象一下，你赢得的可不是 5 美元或 10 美元这样的小钱，而是更可观的奖金，比如数十万美元，甚至数百万美元。你觉得这会是什么感觉？会让你变得快乐吗？

被问及中彩票这样的经历会对幸福感产生怎样的影响，大多数人都会给出相同的答案："这还用问吗，我当然会更开心了。能赢几百万美元可是天大的好事。这样我就可以付账单、买跑车，甚至把工作辞掉。中彩票当然会让我变得幸福很多啦。"

赢得彩票的好处虽然显而易见，但现实情况却并不这么简单。事实上，许多研究发现，金额巨大的奖金对幸福感的影响微乎其微。

从某种程度上来说，这似乎不合常理。获取一大笔钱，怎么能不提升幸福感呢？毕竟，有数以亿计的人都抱着中奖的梦想购买彩票。实现了梦想，怎么可能不让人变得更快乐呢？

然而，针对这种所谓"享乐适应"的数十年研究发现，人们会逐渐顺应自己所处的环境。无论是对于中彩票这种积极的事情，还是对于在重大事故中受伤这种消极的事情，人们都能做出调整，并最终恢复到正常的幸福水平。

由于人类倾向于适应，在积极事件中穿插消极事件，反倒能够带来增加乐趣的效果。以广告为例。大多数人讨厌广告，所以按理来说，免除广告应该会使节目等娱乐内容更加有趣。但实际情况却恰恰相反。原来，被恼人的广告打断的节目反而更显有趣。这是因为，不那么愉快的时刻打断了我们对节目积极体验的适应。

想想吃巧克力豆的感觉。第一颗巧克力豆非常美味，甜蜜醇香，入口即化。第二颗也挺好吃。但连续吃到第四、第五或者第十颗的时候，这种美味就不像以前那么有冲击力了。这是因为，我们已逐渐适应了这种状况。

在积极的经历中穿插不那么积极的经历，会减缓适应的过程。在吃巧克力豆的间歇吃一颗抱子甘蓝，或是在电视节目的片段之间看些广告，都会扰乱适应的过程。不那么积极的时刻会让接下来的积极时刻焕然一新，使之显得更加令人愉快。

故事也遵循这一规律。在金融学中，"波动性"描述的是股票、资产或市场的变异性。波动性较大的资产估值较不稳定，时而上升，时而下降，反复无常，难以判断何时会发生什么。

叙事也是如此。带有情绪波动性的故事不可预测，从总体来说，事态可能有所好转，但却难以确定任一时刻的走向是变好还是变糟。回到上文图中的两个故事，故事 2 的波动性要比故事 1 明显许多。

再来回顾下两个故事的发展轨迹：

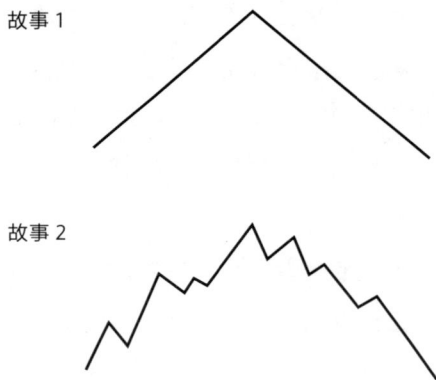

故事 1

故事 2

这种不可预测性让整个过程更加刺激，增加了人们的好感。事实上，在对数千部电影进行分析后，我们发现，波动性能让故事变得更加精彩。观众聚精会神，想要知道接下来发生的事，也因此更加享受观影的体验。

因此，成功的故事有点像过山车。首先，就像我们之前讨论过的，平坦顺利的过程并不是那么有趣，跌宕的高潮和低谷反而会带来更多乐趣。

然而，除了这些高峰之外，每时每刻的变化也很重要。这一刻难道就是穷途末路吗？我们是只爬了一半，还是快到山顶了？这样的不确定性，会让旅途更显迷人。[1]

综上所述，这些关于激发情感的语言的研究结果意义明确。

首先，缺陷可以成为一笔财富。无论是在工作面试中，还是在公共场合，我们常常觉得有必要表现得完美无缺，把错误掩盖起来。但是，这并非总是最好的方法。对于已经被人视为有能力的人而言，承认错误是能够加分的。例如，在那些已经表现不错（被选中参加第二次面试）的求职者中，公开承认过去的错误可以让他们更加讨喜，而不是扣分。积极承担责任不仅体现了认真负责的品质，还让人显得更有亲和力。同样，承认过去的缺点，也能增加一位有能力的经理在团队中的人气。

不过，这涉及的是相对较小的失误。把饮料洒在外套上或犯了个小错误，都能让人显得更有亲和力，与手头工作联系较为紧密的错误，则可能会造成更为负面的印象。

另外，学会利用失败。需要讲述自己的故事、描述自己的背景，或者透露有关自己的信息时，人们倾向于关注亮点。他们认为失败是一种耻辱，觉得留下积极印象的最好方式是专注

1　编剧和制片人会指出，我们不能把电影这么复杂的东西归结为几个数据点集，这种说法没有问题。电影很复杂，其成功取决于很多因素，表演、摄影、音乐、导演和情节只是其中的一小部分。故事或许非常精彩，但如果选角失误或导演没有把握好基调，剧情就可能无法打动人。但仅仅认为电影是种错综复杂、无据可循的东西，也失之偏颇。电影的确复杂，但这并不意味着我们无法通过一定的方法把故事打造得更精彩。

优点。

然而，这种直觉并不总是正确的。每个人都会面临逆境。每个人都会失败或有短处。承认这些挑战会让我们更接地气，并有助于他人对我们的故事产生共鸣。

以这些理念为基础，理解组成精彩故事的要素之后，我们都能成为更好的故事讲述者。大多数人并非天生能说善辩，天生就是爱尔兰式酒吧里那种一站上吧台就能俘虏观众的人。

然而，经过一定的训练和实践，讲故事是一种任何人都可以培养的技能。通过了解故事的原理以及故事背后的科学，我们可以让任何故事都更有感染力。

凸显阻碍；从低点发展到高点，然后再次回落；在积极时刻中穿插消极时刻；利用情绪波动性 —— 这些方法，有助于将任何故事打造得扣人心弦。

考虑语境

在上文中，我们将情绪分为积极和消极两种。有些事情给人的感觉很好，有些事情让人感觉很糟。"欢笑"和"快乐"这样的词语是积极的，而"怨恨"和"哭泣"这样的词语则是消极的。

除了情绪，还有另一个常常被忽视的重要差异。

星期五的晚上，你想要选一家餐厅用餐。你在外地旅行，因此便在网上搜索该去哪里。有一家餐厅看上去不错，但因为要装修而关门了。另一家餐厅的菜品看上去挺合胃口，但好像离酒店太远了。

最后，你找到两个看起来不错的选择。两家餐厅都在步行范围内，价格合理，有你喜欢的菜品。在做出最后决定之前，你阅读了一些网上的评论。

两家餐厅都得到了一致的好评，评分都是 4.7 星（满分 5 星）。第一家的评论是这样的："这家餐厅很棒，用餐体验很愉快。"第二家餐厅的评论也相差无几："这是一家优秀的餐厅，值得一去。"

你会挑选哪家餐厅呢？

如果选择第一家，你并不孤单。当数百名参与者被要求做出类似的选择时，65% 的人都会选第一个选项。其中的原因，牵扯到积极性和情感性。

无论是挑选餐厅还是购买产品，我们经常会在做选择时考虑别人的意见。别人是喜欢还是讨厌这家餐厅？评论是正面的还是负面的？

这样的对比是有道理的。我们想在优质餐馆用餐，对差劲的餐馆避雷。我们想买大家好评的产品，避免差评如潮的产品。因此，别人的评价越积极，我们就越认为自己也会有同感。

但是，用积极或消极、好或坏的标尺进行衡量，是有局限性的。例如，美国商户点评网站 Yelp 上近一半的餐厅评论都是 5

星，亚马逊上的书籍平均评分是 4.2 星（满分 5 星）。大多数的产品和服务都能获得 4 星或 5 星的评价，因此人们很难从评分中了解到具体的信息。

此外，较高的评分并不一定意味着更高的品质。例如，研究人员在研究了 100 多种类别的产品后发现，产品质量和亚马逊评分之间只有很小的关联性。同样，对于许多类的书籍，较高的评分也与销量无甚关联。

这么说来，如果我们无法单靠积极性来评判质量或效果，还有什么标准呢？

以下，是一些表达相同情绪或包含积极性的词语。

一流的，最棒的
优秀的，突出的
幼稚的，无厘头的
恶心的，愚蠢的

例如，"一流的"和"最棒的"都表示描述的对象非常优秀，"优秀的"和"突出的"表示描述对象虽然挺好，但还没有达到"一流的"和"最棒的"程度。事实上，当数百人为各种词汇的积极性打分时，"一流的"和"最棒的"双双得到了 8.4 分（满分 9 分），位列最积极的词语之列。

负面的词语也是如此。"恶心的"和"愚蠢的"都表示描述的对象非常糟糕，"幼稚的"和"无厘头的"则表示描述的对象很糟糕，但还没有达到"恶心的"和"愚蠢的"水平。

虽然每对词语表达的好坏程度相同，但二者在另一个层面却有所区别——两个词语的情感性不同，抑或二者基于感觉或情绪反应所表达出的态度，在强烈程度上有所不同。

在表达一种态度或意见时，我们可以选择不同的表达方式。我们可以说"热爱""憎恶""喜欢"，或"不愿看"一部电影，或者，我们可以说一家餐厅"棒极了""特别好""一般"，或是"很糟"。食物可以是"美味的"，也可以是"恶心的"，服务可以是"顶级的"或"欠佳的"，也可以是"让人惊叹的"或是"无与伦比的"。

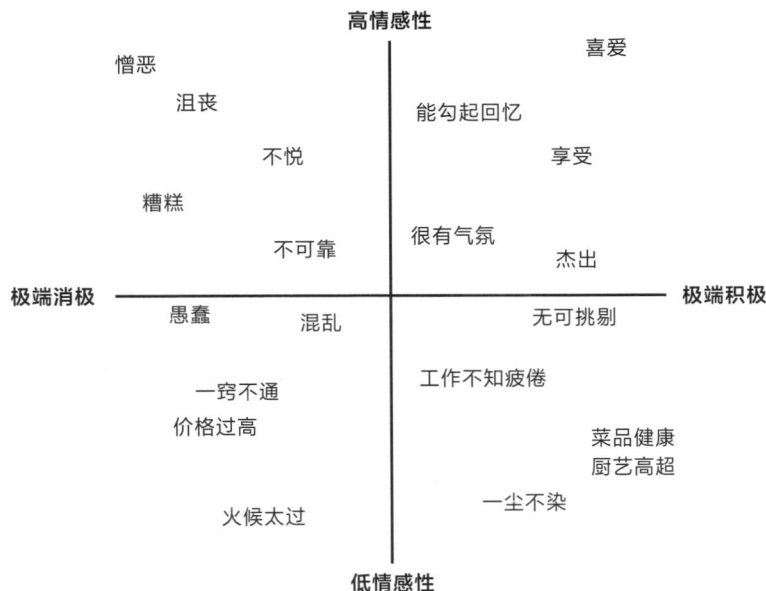

这些词语不仅表明了某人对描述对象的喜爱程度，还表明了得出这种评价的基础（情绪或其他因素）。

我们以餐厅为例。如果有人说"享受"某家餐厅的菜肴，或者"喜爱"这里的氛围，这表明他们的评价基于感觉，也就是他们对这家餐厅的情绪反应。然而，如果有人说菜品"健康"，或者"价格合理"，这仍然表示他们喜欢这家餐厅，但提出的意见更加基于思考。

汽车也是一样。如果有人说某辆车开起来"很刺激"，或者外形"很美观"，他们的意见便更多基于感觉。如果他们说这辆车"很结实"或是"省油"，那么感觉就不那么重要了。

总体来说，除了积极与消极、好与坏之外，我们还可以按照情感性来排列词语，也就是这些词语是否暗示了一种基于情感的反应。

得到更多情感丰富评论的餐厅会获得更多预订，得到更多情感丰富评论的电影的票房更好，得到更多情感丰富评论的书籍销量更高。使用情感性的语言，表明人们的态度更加强烈，也会让他们的经历对别人产生更大的影响。

然而，情感性的语言并不总是具有说服力，这种语言能否激励行动，取决于我们试图说服对方所做的事情的类型。

我们可以将产品或服务分为娱乐型或实用型。我们消费音乐、鲜花和其他娱乐性的东西，是为了从中获取乐趣和享受。我们听音乐，是因为音乐让人愉悦；我们买花，是因为花能让人快乐。

相比之下，消费胶水、汽油、烤面包机和其他实用物品，则更多出于功能性或实用性的考量。我们买胶水修椅子，买汽油为车辆提供动力，买烤面包机烤面包。实用性的东西往往在本质上更偏向理性认知或具有工具性，大多为了满足需求而被购买。[1]

研究人员阅读了成千上万条亚马逊评论，分析情感性用语的作用。他们发现，这种语言在娱乐性和实用性领域产生了不同的效果。

如前所述，对于娱乐性的产品和服务（如音乐、电影和小说），情感性用语的影响较大。带有情绪的评论更具感染力，让消费者更有兴趣购买。

让我们回到选择餐厅的例子。从很多方面来说，这两家餐厅得到的评价相似，两者都使用了非常积极的词汇。

餐厅 1	餐厅 2
"这家餐厅很棒， 用餐体验很愉快。"	"这是一家优秀的餐厅， 值得一去。"

但是，虽然这些词都有积极的意味，但描述餐厅 1 的评论使用了更多的情感性。"很棒"要比"优秀"含有更多感情，"愉

1　即使是同样的产品，其属性也有实用性和娱乐性之分。例如，跑鞋的缓冲性或汽车的燃油都是实用属性，而鞋子的颜色或汽车的设计属性则更偏向娱乐性。

快"要比"值得"含有更多感情。

较高的情感性，使得更多的人选择了第一家餐厅。

然而，对于实用产品而言，情况正好相反。拿剃须刀来说，情感性会起到适得其反的作用，情感丰富的评论不但没有什么效果，反倒可能让人们不太愿意购买。

这是因为，在选择和使用娱乐性的产品和服务时，情感是一个决定性因素。人们希望跑车是刺激的，电影是让人愉快的，假期是有趣的。因此，使用情感性词汇描述娱乐性的事物，能够增加人们的好感。但在选择和使用实用性的产品和服务时，激发情感却并非我们真正的目标。

我们要想快速凝固的胶水、物美价廉的汽油，以及操作便捷的烤面包机。我们购买实用性的东西，通常是为了实现某个功能。之所以选择，是因为我们的思想（而不是情绪）告诉我们，这些东西能很好地完成任务。

因此，虽然有人可能会评价一台搅拌机外形"很棒"或"让人爱不释手"，但这并不一定会勾起别人的购买欲。不仅如此，这种情感性用语有违人们对想要购买的东西的期望，因此有时会适得其反，甚至会破坏人们对评论内容和评论者的信任。

综上所述，我们不仅需要考虑语言的积极性，还要照顾到语言的情感性。

在推销产品、推销想法，甚至推销自己时，我们经常会使用正面的语言。我们的产品是"卓越的",我们的想法是"创新的",我们是"勤劳肯干的"。食物是"美味的",区块链是"革新的",我们的写作技巧是"优秀的"。(这些都是真话,我保证。)

然而,仅仅运用积极的语言是不够的。除此之外,我们还需要考虑具体语境。"杰出的""优秀的""卓越的"和"一流的",这些都是表示某种事物极其出色的词语,但涉及的情感性却有高低之分,因此,根据语境的不同,其效力也会有所不同。

例如,在营销一种产品、服务或体验时,我们要分清对象更偏于娱乐还是实用。人们购买的目的是休闲或享受,还是偏重于功能或实用?

如果答案偏重于享受,那么"棒极了"和"超赞"这样的情感性用词便非常适合。评价一部电影"暖心",某个旅行目的地"振奋人心",或者某个冥想应用程序"抚慰心灵",不仅表明描述的对象质量好,还能鼓励其他人进行购买或尝试使用。

然而,如果产品、服务或体验更偏重于实用功能,这些积极的词语便可能适得其反。如"没有缺陷"和"优秀"这些情感性相对较弱的词语,反倒更有说服力。例如,评价某款听写应用"优质"而不是"超赞",便很可能有效刺激人们的购买和使用。

这一点,在描述自己时同样适用。无论是通过起草简历、求职申请还是约会时的个人简介,我们都在不断地向他人推销自己。人人都知道,相比于缺点,我们更应该彰显自己的优点;"有趣"这样的词更适用于约会的个人简介,而不该写在求职申请上。但是，其中的学问远不仅如此。

对于求职简历和工作申请这样的东西，大多数的评估者都带着一种实用主义的视角。就像通过购买产品来满足需求一样，他们在寻找能够解决问题或增加价值的人选。

因此，你不仅要罗列出积极的形容词，还要选择合适的形容词。在一般情况下，情感不强的语言会更加适合，而情感丰富的语言则可能适得其反，除非你面对的是一家以公司文化为荣或是将员工视为"家人"的公司。

然而从本质上来说，约会个人资料这样的东西往往更具有娱乐性。读者并非是在寻找解决问题的方法，而是在探索能给他们带来快乐的人。因此在这种情况下，情感性应该更加有效。

也就是说，我们使用积极的词语还要选对类型。

情感性用语的好处，在不同的社会关系中也有所差异。许多谈话都是围绕着实现某种目的展开的，会议是为了做决定，客服电话是为了解决问题，而推销则是为了达成交易。

很多人都觉得我们应该在谈话中直入主题，但实际上，这并不是最合理的行动方案。我们对数百段解决问题的对话进行了分析，发现首先建立起联系这一步非常关键，在解决问题之前，请先用较为热情友善的情感性用语展开谈话。

关系的建立（或维护）有助于为接下来的交流做好铺垫，不仅能加强人际关系，也能营造默契氛围。

因此，在谈话刚开始时，热情友善的情感性用语尤其有效。例如，在客户服务的语境中，相比于"我该如何解决您的问题？"，诸如"我能帮您什么忙？"（情感更加丰富）这样的提问更加有效。

虽然以情感性用语展开对话有其益处，但这种益处是有局限性的。待人友善是好事，但我们最终还是要做出决定，解决问题。

这时，情感性较低且更偏重于理性认知的语言便重要起来。事实证明，如果客服代表能在对话开始时使用情感性更高的语言，而在对话中间使用更偏重于理性认知的语言，客户对沟通的满意度就会更高，之后的购买概率也更大。

因此，不要只顾着解决问题，也不要只想着建立联系。

应该先建立联系，再解决问题。

调动不确定性

利用积极性和情感性的语言，既可以传达情感，也能影响心态和行动。但除此之外，还有一种因素也值得我们关注。

任何做过演讲的人都可以证明，持续吸引观众的注意力并不容易，而虚拟会谈只会让事情难上加难。演示文稿被淹没在与会人员屏幕上的诸多窗口中，大家打开电子邮件，一边假装听讲，一边一心多用。

内容创作者也面临着类似的困境。无论是出版商、媒体公司、营销人员还是意见领袖，每个人都在努力吸引和维持受众的注意力。与此同时，让人眼花缭乱的选择使人们的注意力越来越难捕捉。一篇新闻文章的旁边，会跳出几十篇相关文章，大多数人都不会通读整篇文章，而是稍加浏览便开始泛读其他内容。

在这种充满无尽诱惑的环境之中，很多人认为，"有趣的"内容会脱颖而出，而其他内容则注定遭遇冷眼。例如，关于全新热门科技产品、名人八卦或体育赛事结果的文章会吸引很多人的关注，而气候变化等更沉重的主题或关于信息安全的演讲，则会让人昏昏欲睡。

因此，不那么博人眼球的话题的演讲者，就注定要遇冷吗？或者说，对于那些看似不太吸引人的话题，能不能通过什么方法来调动受众的兴趣呢？

一种常见的方法，是利用"标题党"之类的伎俩。如《续订亚马逊金牌会员服务之前必读》或《让你变胖的 6 个常见原因》，这样具有轰动效应的标题能够引起悬念，鼓励人们点击了解更多。

糟糕的演讲往往会采用类似的策略，堆砌大量的漫画、名人照片或其他噱头来吸引关注，让内容显得更加紧跟时代。

然而，这些技巧虽然看似好用，实际上却并没有那么有效。

标题党能够吸引注意力，但却难以持续吸引注意力。《顶尖医生为您揭露最糟糕的碳水化合物》这样的标题的确会吸引潜在读者点击（到底是哪种碳水化合物？！我一定得看一看！），而一旦开始阅读，读者却往往会大失所望。诚然，这篇文章讲了一些关于碳水化合物的内容，但却难以达到标题中炒作的难以企及的高度。因此，人们只会点开文章，浏览几句，然后便匆匆退出，很少会真正静心阅读材料。

而演讲的噱头也是如此。有的时候，这些噱头会博得观众一笑，吸引观众将目光从笔记本电脑上短暂移开，却不会让人们真正沉浸到演讲之中。这样的演讲会暂时吸引人们的注意力，却无法赢得持续的关注。

对于诸如此类情况的解决，关键在于把握吸引和维持注意力之间的差异。发件人不只想让收件人打开邮件，还想让他们认真阅读这些邮件。

领导者不只希望员工出席演讲，还希望他们能够倾听并消化演讲的内容。非营利组织、创作者和内容营销人员不只想让受众浏览政策简报、网络视频和白皮书，还想让他们持续关注和消费这些内容。

为了探索什么样的因素能够持续吸引人们的关注，我和几位同事分析了 100 万名用户阅读数万篇在线文章的方式。我们不仅关注用户是否点击了文章，还关注他们阅读了多少内容；是只读了标题，还是继续读完了几个段落；是浏览完摘要就退出，还是将文章从头读到尾。

一些话题要比其他话题更能吸引读者的注意力。例如，体育文章往往比世界新闻类文章更能吸引人们阅读更多内容，餐厅点评往往比与教育相关的文章更能持续吸引读者注意力。

然而，即便内容相同，文章的不同写作方式也会影响读者的注意力。具体来说，情感性用语能够增加读者的积极性。一篇文章使用的情感性用语越多，读者就越有可能继续阅读下去。

另外，在深入研究后，我们发现并非所有情绪都能产生同样的影响。一些情绪有助于吸引持续的关注，另一些情绪却会让人分心。举例来说，相比于让人感到悲伤的文章，调动焦虑感的文章吸引人读完的可能性要高 30%。

为了理解其中的原因，我们必须了解情感性用语会对人们看待世界的方式产生怎样的影响。

以愤怒和焦虑为例，二者都是消极的情绪。愤怒不是什么让人愉快的感觉，焦虑也一样。

虽然这两种情绪在某些方面相似，但愤怒的确定性要比焦虑强得多。

回忆你上一次感到愤怒的体验。比如航空公司弄丢了你的行李，裁判吹错了哨，或者你正在电话那头耐心等待，而客服代表却挂断了你的电话。

这应该是一种非常确定的感觉。不消说，错误在于航空公司、裁判或客服代表，他们理应受到谴责。事实上，在愤怒时，我们往往会感到相当自信。愤怒牵扯到的通常不是怀疑或犹豫，而是公正合理的义愤填膺，或者一种我们对别人错了的坚信。

然而，焦虑却很少牵扯到这种确定性。回忆你上一次感到焦虑的情形。也许你会因为担心航空公司把行李弄丢而担惊受怕，因为你的球队可能会输掉比赛而捏一把汗，或是因为不知是否还要在线等 30 分钟而如坐针毡。焦虑是不确定的，其中往往包含了怀疑、模棱两可或不安全感。我们不知道未来会发生什么，害怕事态会朝着糟糕的方向发展。[1]

积极情绪也具有不同程度的确定性。例如，骄傲是相对确定的，而希望则往往不那么确定。

	积极	消极
确定	快乐　骄傲　兴奋	愤怒　厌恶
不确定	惊喜　希望	焦虑　吃惊

事实证明，对于持续吸引注意力，这些确定程度上的差异发挥着重要作用。在浏览了数千份内容后，我们发现，不确定的情绪有助于吸引兴趣。引起不确定情绪（如焦虑和吃惊）的语言会让读者继续阅读下去，而引发确定情绪（如厌恶）的语言则会产生相反的效果。

不确定性会让读者持续关注，寻找他们不确定的答案。如果不确定接下来会发生什么或是将迎来怎样的结局，他们便会继续

1　在一些情况下，悲伤可能涉及确定性，也可能涉及不确定性。有的时候，我们的悲伤是确凿的（例如狗狗去世或者好友搬走）；而有的时候，我们的悲伤却是不确定的（例如狗狗生病或好友正在考虑要不要搬走）。

关注，直到答案揭晓。不确定是否会下雨，会使人们查看天气情况。同样，不知道接下来会发生什么，也会使人们继续阅读，以便与这种不确定性做个了断。

这些研究结果有重大的意义。

首先，就像我们讨论过的许多事情一样，关键不只在于沟通的内容，还有沟通的方法。当然，有些主题、想法、演讲或内容或许本身就较为有趣。比起如何为公司节省机票花费，我们可能更想知道如何让薪水翻倍。同样，关于减肥秘诀的文章或许要比关于气候变化或财政政策的文章更吸引人。

然而，一些内容本身有趣，并不意味着其他内容就注定会被忽视。如果能够使用合适的语言，选对魔力词汇，我们便能鼓励人们对任何内容产生兴趣，无论是最激动人心的话题还是看起来不那么有趣的话题。

对于那些想要吸引人们关注看似不那么刺激的内容的个人和组织来说，这是个好消息。某个领域本身可能不那么吸引人，但如果用对了语言，我们便可以加以弥补。在组织演示文稿、编写电子邮件和制作其他内容时，合宜的措辞可以让任何主题显得更有魅力。也就是说，风格可以为内容加分。

其次，情感性用语是激发兴趣的有力工具。我们往往认为，事实才是说服人的有效途径，比如列出优点鼓励客户购买，举出原因鼓励同事改变主意，或者用无休止的统计数据来彰显某件事的重要性。事实的确有说服力，但并非次次灵验。

有的时候，事实也会让人昏昏欲睡，或是让人把我们的演讲视为查看社交媒体或处理电子邮件的好时机。

无法持续吸引注意力，我们就很难说服对方。在这种情况下，情感性用语便能起到作用。想要改变人们对某件事的看法吗？那就不要只告诉对方这件事的重要性，还要用情感性用语引起对方的关心和关注。

最后，虽然情感性用语可以吸引注意，但要选择合适的感情。诚然，情绪有积极和消极之分，但我们的目的并不只是激发积极的感情和规避消极的感情。事实上，让人们产生骄傲或快乐之情，有时反倒会降低他们继续听下去的意愿。

持续吸引注意力的重点，并非只是给人带来积极或消极的情绪，还要为好奇心打开一条窄缝，鼓励对方了解更多。不确定的情绪，或不确定的语言，能够调动起人们的兴趣。

如果已经知道谁会获胜，我们就没有理由把比赛看完，但如果结果悬而未决，我们就会持续关注，直到找到答案。

彰显魔力

几乎所有人都希望成为更有效的沟通者，讲述更精彩的故事，进行更流畅的对话，完成更吸引人的演讲，或是打造更有趣的内容。通过了解情感性用语的价值，我们不但可以达成这些目标，甚至能够实现更多。想要激发情感，我们就要：

1. 突出障碍。一旦被视为有能力的人，揭露过去的缺点不但不会降低好感，反而会让别人更喜欢我们。

2. 搭建情绪过山车。最扣人心弦的故事有高潮也有低谷。因此，想要吸引注意力，就要懂得判断在什么时机步入低潮。凸显过程中遭遇的各种失败，会让成功显得更加难能可贵。

3. 在积极时刻中穿插消极时刻。这种正负相交也适用于积极和消极时刻。一路坦途虽然轻松，却并不能够最有效地抓人眼球。因此，为了吸引人们的注意力，我们可以将积极和消极的时刻交织在一起。

4. 考虑语境。在试图说服别人时，仅仅使用积极的语言是不够的。情感性用语适合讨论电影和度假等娱乐话题，但对于求职或软件等较为实用的话题来说却适得其反。

5. 先建立联系，再解决问题。想要解决问题，就要对对方有所了解。因此，与其急于解决问题，不如先与对方沟通。以较为热情友善的情感性用语展开对话，有助于为之后更偏重于理性认知和解决问题的探讨奠定基础。

6. 调动不确定性。恰当的措辞可以让任何话题或演讲变得更吸引人。唤起不确定的情绪（例如惊讶），有助于持续抓住人们的注意力。

理解了情感性用语，我们便可以影响别人对我们的看法，成为更高超的故事讲述者，牢牢抓住观众的注意力，创造出更多引人入胜的内容。

接下来，让我们研究最后一种魔力词汇，即相似性的用词。

6

利用相似性（和差异性）

为什么一些人能成功晋升，一些人却没有这个福分？为什么一些歌曲人气爆棚，一些歌曲却无人问津？促成一些书籍、电影和电视节目大热的因素，又是什么呢？

　　要回答这些问题，我们先要从一个看似不沾边的话题切入。一切，都要从一瓶啤酒讲起。

　　某年的一月初，蒂姆·鲁尼喝下了他人生中第一瓶"左手酿造"公司的"400磅猴子"精酿啤酒。这种酒不能算是他的最爱。虽然不错，但不能算是最好，有点清甜，带点黄油味，还有讨厌的苦味。总之，不太惊艳，在5星中，最多能打3星。

　　在那以后的几年里，蒂姆品尝了很多种啤酒。具体数字难以确定，但他至少喝了4200瓶。因为，这就是他在RateBeer上打过分的啤酒数量：他喝过拉格啤酒和麦芽啤酒，也喝过比尔森啤酒和波特啤酒，还喝过酸啤酒和司陶特啤酒。有我们在本地超市能找到的大众品牌（比如米狮龙啤酒），还有我们可能闻所未闻的精酿啤酒（比如卡斯科特酿造公司的波旁瘟疫啤酒，以及艾弗里酿酒厂的朗布金啤酒）。

但他最爱的一款，是德斯修精酿啤酒厂的"无底深渊"啤酒（5星："口感丰富，非常醇厚，黄油味，柔软，碳酸化，回味悠长，微苦。非常美味！"）。他最不喜欢的一款，则是黑山酿酒公司的洞溪辣椒啤酒（0.5星："我喜欢辣椒，也喜欢啤酒，但这垃圾简直不能再糟糕了！口味完全不搭。只抿了两口，然后就全倒了。"）。另外还有数以千计的啤酒介于两者之间，得到的描述则从"微甜"到"干净清爽，呈金黄色"，五花八门，应有尽有。

RateBeer是一家聚集成千上万啤酒爱好者用户的网站，蒂姆是其中之一。这家网站成立于2000年，是一个供啤酒爱好者交流信息和分享意见的平台，从成立起，用户已经提供了1100多万次点评。时至今日，该网站已被公认为最有口碑、最深入且最准确的啤酒信息源之一。

2013年，出于一个与啤酒完全不沾边的原因，斯坦福大学的几位科学家对这家网站产生了兴趣：他们想要通过网站研究语言的变化。

群体在不断的变化之中。新成员加入，老成员离开，形势变化无常。例如，一群同事可能会一起在会议室吃午餐，但随着老员工的退休和新员工的加入，最终，大家便不再那么热络。

研究人员想要从语言的角度出发，一探这些变化的究竟。随着时间的推移，团队成员使用的词汇是如何演变的？新成员在适应团队的过程中会改变自己的用语吗？通过这些变化，我们是否能了解哪些人更有可能成为忠实用户呢？

RateBeer 网站提供了一个完美的试验场。每个月发表的评论，都是那个时间节点的用户用语的快照。由于许多用户都会多次发表评论，研究人员很容易记录他们的语言演变轨迹，从加入这个平台的那一刻开始，直到停止发帖为止。

拿啤酒的气味为例。在网站成立早期，评论者倾向于使用"香气"这个词来进行关于气味的讨论（例如"这款啤酒有一种淡淡的蛇麻花香气"）。然而到了后来，用户们便不再使用这个词语，而用"气味"的"味"代替（例如"这款啤酒有一种淡淡的蛇麻花味"）。与水果相关的词语（如"桃子"和"菠萝"）的用法也发生了变化。即使是在针对同一种啤酒的评论中，随着时间的推移，评论者也会使用越来越多与水果相关的词语（例如"轻微的柑橘味"或"热带水果味"）来描述啤酒的口味和感觉。啤酒本身没有改变，但人们的描述方法却发生了变化。

没有人发送备忘录告诉用户们要这样写评论，用户们也没有开会决议一致更改行话。但随着时间的推移，术语的确发生了变化。就像一个活生生的有机体一般，这个群体的语言发生了更迭。

除此之外，用户个人的语言也发生了变化。随着用户在网站上花费时间的增加，他们也会沾染上这个集体的语言风格。例如，将某位用户早期的评论与之后的评论进行比较，差异便会一目了然。用户会使用更多与啤酒相关的词，如"碳酸化"和"泡沫挂杯能力"（喝完啤酒后残留在杯中的泡沫量），但"我"或"我的"这类词语却越来越少。他们不太可能使用"我认为……"或"在我看来……"这样的表述，而是会用更加贴近网站盛行风格的评语，罗列出一系列客观事实。

为了进行更加全面的分析，研究人员计算了每位用户的用语与社区其他成员的相似程度，即这些用户的措辞与当时 RateBeer 上的其他评论有多相似。

他们发现，人们在网站上的行为可以分为两个截然不同的阶段。刚刚加入的用户相对灵活，他们会学习社区的语言，并自行借鉴，模仿当时其他用户的使用习惯。

但在最初的适应期之后，用户便进入了一个更为保守的阶段。他们不再接纳新的单词和短语，语言风格也逐渐僵化。社区及其规范一直在向前发展，但老用户却不再与时俱进。

语言也有助于预测用户在网站上发帖的时间长短。一些用户会驻足几年，而一些用户在几个月后就离开了。他们的语言提供了一个预示其停留时间长短的显著信号。那些较少采取网站语言惯例或适应社区语言时间较短的用户，离开的可能性也较大。根据最初的几次点评，我们就可以预测这些用户会在网站上活跃多长时间。

也就是说，用户们的语言能够预示他们未来的行动，即使他们自己还没有意识到这一点。

在本书的前 5 章里，我们讨论了不同类型的魔力词汇。包括调动身份认同和能动性的词汇、传达信心的词汇、问对问题的词汇，以及利用具象性和激发情感的词汇。

然而，想要真正了解语言及其影响，就必须将语言放在语境中，也就是审视某人的用语与其他人之间的关系。

这就是啤酒研究的切入点。因为该研究并未表明词汇的积极性或消极性，而是凸显了语言相似性的重要。在这个例子中，语言与集体一致的用户往往更有可能在网站上驻留更长的时间。

然而，通过语言了解人们是否会持续为某个在线社区贡献内容，只是相似性和差异性有助于解释的诸多领域之一。想要利用相似性和差异性的力量，我们需要懂得：（1）何时彰显相似性；（2）何时突出差异性；（3）如何为情节发展定好合适的节奏。

彰显相似性

组织的文化早已成为一个热门话题。一家组织需要构建强大的文化，精心维护，并雇用与此文化相契合的求职者，这是众所周知的事实。

然而，组织文化到底是什么？除了一些模糊的理念和价值观之外，组织文化真的能被衡量吗？融入组织文化真的会对人们的工作表现产生影响吗？

就像在线啤酒社区拥有专用术语和语言规范一样，组织也是如此。不同的群体拥有不同的行话。创业公司创始人爱谈"转型"，零售商爱谈"全渠道"，华尔街交易员则会把"胆小鬼"和"垃圾债券"挂在嘴边。

但除了俚语和术语之外，组织或行业还可以通过其他方法让自己的语言与众不同。一些组织和行业可能倾向于使用较为短小精悍的句子，而另一些可能使用长句。有些组织和行业可能会使用较为具象的语言，而另一些可能会用更加抽象的表达。

为了研究语言与工作成效之间的联系，一组科学家研究了一个我们通常不怎么考虑的数据源：电子邮件。与 RateBeer 的用户不同，公司员工不会在网上写点评。但他们必须写电子邮件，而且还要经常写。其中，有向同事询问信息的电子邮件，有对他人工作提供反馈的电子邮件，有分享演示文稿草稿的电子邮件，有安排与客户见面时间的电子邮件。这些邮件成千上万，涉及你能想到的每一个话题。

纯属图个乐子，我们可以花一点时间打开自己的"已发送"文件夹，浏览一下里面有什么内容。看起来，这些邮件可能只涉及日常工作和私人事务，甚至可以用微不足道来形容。实际情况也往往如此。但是，这些内容可不是一般的工作和私人事务，而是属于你的工作和私人事务。

无论是关于某个文档标题的邮件，还是指示演示文稿第23页该放什么图片的邮件，虽然看似无关紧要，但却为你提供了一张工作概况的快照。它们不仅透露了各种项目和决定的进展，还展示了你作为同事、领导，甚至友人这些不同身份的发展轨迹。

这些邮件如同考古中发掘到的陶器碎片，或是"你的职场历程"这一"古代文明"的遗迹。因此，这些邮件提供了很多关于你的信息，也展示了你一路走来是否有所改变以及有何改变。

科学家们以一家中型企业为例，查看了数百名员工5年间的1000多万封电子邮件数据。其中有会计部的苏珊发给人力资源部的蒂姆的邮件，也有销售部的露辛达发给科研部的詹姆斯的邮件。研究人员的关注点并不在于邮件的数字或收件人，而在于每位员工使用的词汇。

这项研究有趣的地方也就在于此。因为，研究人员并没有关注员工讨论的内容（例如文档标题或演示文稿），而是将注意力集中在员工的语言风格这个截然不同的元素上。

在阅读电子邮件、打电话或进行任何形式的沟通时，我们往往会关注沟通的内容。以本章为例。如果让你思考这一章的用语，你可能会想到本章讨论的对象或话题。例如，本章首先讨论了一家啤酒点评网站，接下来又展开了一段关于电子邮件用语的探讨。

电子邮件也是如此。如果有人让你浏览自己的电子邮件并对里面使用的语言进行总结，你可能会专注于主要的话题。其中有很多邮件都是关于某次会议的，一些是关于某个具体项目的，还有一些则涉及为同事筹划的大型退休欢送会。

所谓内容，就是谈论的对象、话题，或主旨。

内容显然非常重要，然而，还有一个往往遭人忽视的元素，那就是语言风格。仔细阅读这句话:"他们说几个星期后再跟进。"内容(几个星期后跟进)让读信人对发生的事情有所了解,但除此之外,内容中还嵌入了"他们""几"和"再"这样的字眼。

这些其他词性的词语,通常会隐于背景之中。我们甚至往往注意不到这些词的存在。事实上,即使在提到之后,大家也可能需要仔细观察,才能在句中找到这些词。它们几乎是不被看见的。当我们的注意力在构成文字或谈话内容的名词、动词和形容词之间跳跃时,对于这些词便一带而过了。

然而,这些经常受到忽视的"风格词",实际上提供了许多信息。在交流内容的灵活发挥上,交流者的空间是有限的。有人问客户什么时候要跟进,如果答案是"几个星期之后",那么大概就只能用这几个字词的某种组合形式作答。

然而,传达这些信息的具体方式取决于我们自己。我们可以说"他们说几个星期后再跟进""从现在起过几个星期跟进就行",抑或其他不同的说法。这些回答的差异看似微不足道,却能反映出人们的沟通方式,让我们得以对沟通者本身有所了解,比如其性格和喜好、聪明与否,以及是否在说谎。

研究人员分析了员工的语言风格,具体来说,是分析其语言风格与同事有多相似。

换句话说,就是分析这些人的文化契合度,即这些员工使用语言的方式是否与周围的人相同。比如,某位员工是否会在与经常使用人称代词的同事交流时频繁使用代词(例如"我们"或

"我"），或是使用介词（如"在"和"向"）的频率是否与同事相似。

研究结果非常显著。原来，相似性竟然对工作的成功与否有所影响。相比之下，语言风格与同事相似的员工获得晋升的可能性要高出 3 倍，获得的绩效评估更好，奖金也更高。

从某些方面而言，这是个好消息。如果能很好地适应新工作，你就有可能拿出更好的表现。

但是，其他员工该怎么办？那些不合群的人，又该何去何从呢？

的确，语言风格不同的人就没那么幸运了。他们被解雇的可能性是其他人的 4 倍。

那么，一开始就不适应环境的人，注定就要失败吗？

并不完全如此。研究人员不仅调查了员工一开始是否适应工作环境，也研究了他们的适应程度如何随着时间的推移而变化，即一些员工是否比其他人更具有适应能力。

与啤酒社群类似，大多数新员工都适应得很快。在公司工作一年后，他们已经适应了组织的语言规范。

然而，并不是每个人的适应速度都相同。一些人适应得更快，相比之下，另一些人则适应得更慢。

也就是说，适应性也能用来解释成功的原因。成功的员工懂得适应环境，而那些最终被炒鱿鱼的员工却一直无法适应。他们刚入职时的文化契合度就较低，之后更是一天不如一天。

语言的相似性甚至能够用来区分哪些员工会留在公司，哪些会离开公司寻求更好的选择。离开公司的人并不是被炒了鱿鱼，而是在别处得到了更好的待遇。这些人很早就被公司同化，但从某个时间点开始，他们的语言开始与其他人出现差别。他们显然具备适应能力，但最终却不再刻意适应，而这也预示了他们辞职的意图。

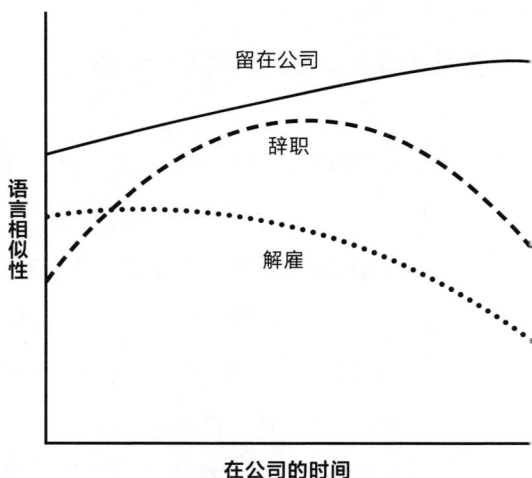

从最终结果来看，适应性要比最初的契合更重要。那些一开始就很契合的人的表现的确优秀，但那些能够迅速适应不断变化的规范的人要更加成功。契合度不是与生俱来的特质，我们必须有随着时间推移逐渐适应的意愿。

前文中关于电子邮件的研究凸显了适应环境的益处。使用相似语言的人，可以获得更好的绩效评估结果、更高的奖金，以及更大的晋升可能性。相似性的益处并不局限于职场范围之内。说话方式相似的约会对象更有可能再次相见，写作风格相似的学生更有可能成为朋友，措辞方法相似的男女则更有可能在 3 个月后建立恋爱关系。

使用相似的语言有助于推动对话的进行，让人们感觉彼此理解，更能将对方视为同一个群体中的成员。所有这些，都有助于增加好感、信任和各种积极的下游效应。

但是，适应环境总是一件好事吗？或者，有没有什么情况更适合利用差异性呢？

为了找到答案，我特意在音乐行业进行了一番探索。

突出差异性

秋天一个寒冷的下午，蒙特罗·希尔待在他的卧室里，这里是他制作音乐的"老地方"。更准确地说，他要么在卧室的壁橱里，要么在祖母家的壁橱里，这具体要看当时哪个壁橱更安静。

像众多渴望成为音乐家的人一样，这位 19 岁的大学辍学生正在进行一些不同的尝试，想要写出一首热门歌曲。他全职在互联网上宣传自己的音乐，在 SoundCloud[1] 上发布歌曲，但却迟迟得

1　德国在线音乐分享平台，可供用户在线录制或上传音频。——译者注

不到关注。

万圣节那天，他在 YouTube[1] 上翻看说唱伴奏，却无意间发现了一些对他具有特殊意义的内容。那是美国工业金属乐队"九寸钉"的一首重新改编的曲目，出自荷兰一位想要成为制作人的创作者之手，这个人的音乐，也是在自己的卧室里制作的。

蒙特罗花 30 美元买下了这首伴奏，填了一些歌词，并在几个星期后发行了一首单曲。

任何一首歌成为热门歌曲的可能性都微乎其微。对于新人或者没有唱片合约的歌手来说，这种可能性就更小了。

SoundCloud 上有上亿首歌曲，而且用户每天都在添加成千上万首新歌。有一定规模播放量的歌曲寥寥无几，其中大多数都是已经拥有大量粉丝的艺术家的热门歌曲。

然而，这首歌却脱颖而出，在网上得到了疯传。

蒙特罗现已用利尔·纳斯·X 的艺名示人，他的这首名叫《乡村老街》（*Old Town Road*）的单曲，当前的播放量已经有数十亿次。这首歌的销量超过了 1000 万，并在公告牌榜单上创造了历史，蝉联排行榜榜首长达 19 个星期。这首歌也使利尔·纳斯·X 成为一个家喻户晓的名字，让他被《时代》杂志评为互联网最具影响力人物之一。对于一个靠在卧室里做音乐起家的孩子来说，这样的成绩还真是不赖。

---

1 美国视频分享网站，是目前全球最大的视频搜索和分享平台之一。——译者注

但是，让《乡村老街》如此成功的原因是什么呢？这首歌的爆红，是否能从更深的角度说明流行的秘诀？

一直以来，行业高管、文化评论家和消费者都在探索为什么有些歌曲能够成功，有些则无人问津。有些歌曲的播放量高达数百万次，而有些则鲜有人听。每一首在排行榜上一路飙升的"乡村老街"，都意味着有成千上万首的歌曲无人问津。

一种可能性是，成功是随机的。具体的歌曲最终上榜，是运气或机遇带来的结果。事实上，即便是所谓的专家也不善于择优汰劣。猫王（Elvis Presley）曾被告知他应该回去继续开卡车，披头士乐队（The Beatles）被告知吉他乐队马上就要过时，而嘎嘎小姐（Lady Gaga）则被告知她的音乐"太偏舞曲"，没有市场。就算热门金曲的背后存在某些规律，深层的真相也似乎难以捉摸。

为了找出是否有什么更偏系统性的元素在发挥作用，几年前，格兰特·帕卡德和我开始探索造就金曲的元素。每一首歌都各有不同，但我们想要看看成功的歌曲是否有什么相通之处，具体来说，就是这些金曲是否与同类型的歌曲有什么相似或差异点。为了衡量相似性，我们认真分析了每首歌所涵盖的主题。

对于某些歌曲而言，主题是一目了然的。戴安娜·罗斯（Diana Ross）和莱昂内尔·里奇（Lionel Richie）合唱的《无尽的爱》（*Endless Love*）显然是一首情歌。标题中出现了"爱"，这首歌以"我的爱"开头，第三句里也有"爱"，在此之后，"爱"这个字又在整首歌中出现了 12 次。

蕾哈娜（Rihanna）的《找到爱》（*We Found Love*）、Boyz II Men[1]的《与你缠绵》（*I'll Make Love to You*）以及席琳·迪翁（Céline Dion）的《因为拥有你的爱》（*Because You Loved Me*）也是如此。这些歌的标题和歌词很容易使之被归为情歌，不仅如此，这些歌曲还经常被列为有史以来最优质或最受欢迎的情歌。

相比之下，其他歌曲则很难分类。例如，娜塔莉·安博莉亚（Natalie Imbruglia）的《撕心裂肺》（*Torn*）讲述的就是爱情以及痛苦的分手对感情带来的冲击。但是，"爱"这个字却在这首歌里遍寻不到，既没有出现在标题中，也没有出现在歌词里。其他的情歌也一样，比如彼得、保罗和玛丽[2]的《乘着喷气飞机离开》（*Leaving on a Jet Plane*），以及无疑乐队的《不要说》（*Don't Speak*）。

此外，虽然有些歌曲一眼就能看出与爱情有关，但并非所有的情歌都如此千篇一律。猫王的《情不自禁坠入爱河》（*Can't Help Falling in Love*）以及凯莉·安德伍德（Carrie Underwood）的《在他出轨之前》（*Before He Cheats*）都涉及爱，但却显然不属于同一种风格。一些情歌［比如卡特里娜与海浪乐队（Katrina and the Waves）的《漫步阳光下》（*Walking on Sunshine*）］歌唱的是快乐而积极的爱情，一些歌曲［如里克·斯普林菲尔德（Rick Springfield）的《杰西的女孩》（*Jessie's Girl*）］吟唱的是单恋之

1　美国蓝调演唱组合。——译者注
2　美国三重唱组合。——译者注

苦，还有一些歌曲［如艾拉妮丝·莫莉塞特（Alanis Morissette）的《你应该知道》（*You Oughta Know*）］表达的则是对前任的思念。

如果说这些歌曲讲的是同一个主题，就像是把巧克力蛋糕和蟹肉蛋糕混为一谈一样，很显然，这两种食品的名字里都有"蛋糕"两字，但实质却大相径庭。

情歌之外的歌曲就更难划分了。披头士的《嘿，朱迪》（*Hey Jude*）讲的是什么？"王子"（Prince）的《当鸽子哭泣》（*When Doves Cry*）呢？不同的人往往会得出千差万别的答案。有些人认为布鲁斯·斯普林斯汀（Bruce Springsteen）的《出生在美国》（*Born in the U.S.A.*）歌颂的是爱国主义和美国人的自豪感，但实际上，这首歌讲的却是美国对待越战老兵的可耻行径。

所有这些例子都告诉我们，我们的感知可能不能作为判断一首歌主题的最可靠指标。因此，我们没有让人来判断，而是请了电脑来帮忙。

想象一下，你是一个刚搬到一座新城市的高中生。你在新学校一个人都不认识，也搞不清楚学校的关系网，所以你需要通过观察来分析。比如说，如果老是看到丹尼和埃里克在一起，你便会认为他们是朋友。如果他们中的一个经常和露西一起玩，或者他们三人经常在一起，你可能会觉得这三人都是同一个小集体的成员。

沿着这样的思路，你可以根据谁和谁在一起来划分其他的团体。比如运动员小集体，书呆子小集体，游戏玩家小集体，还有戏剧爱好者小集体。

这些群体是不定型且非正式的，却能让我们一窥集体的形成。首先，集体里的每个成员并非要同时聚在一起。例如，你可能会看到两个游戏玩家在上学路上攀谈，之后又看到另外两个玩家在一起吃午餐。但是，若能经常看到几个人三三两两在一起，你就能感知到同属于更大集体中的成员是谁了。

其次，有些人与某些群体的联系要比其他人更紧密。例如，当运动员们聚在一起的时候，露西可能常常也在，但埃里克却可能不在。他和其他运动员在一起的时间，或许只占到全部时间的 20%。

同样的理念也适用于文字。我们可以通过人员一起出现的情况来推断小组的构成，同样，我们也可以利用一种被称为"主题模型"的统计方法，通过单词共同出现的情况来推测潜在的话题或主题。

例如，如果包含"爱"这个字眼的歌曲中往往包含"感觉"和"心"这些字眼，那么这些字眼就可以划分为一组。与此类似，如果"弹跳"和"拍手"或"跳跃"和"摇摆"这样的词经常一起出现，也可能被归为一类。通过浏览歌曲（或任何其他文本段落）以及其中出现的词汇，主题模型法便可以根据单词共现的频率将其组合在一起。

你会发现，这种方法无须预先指定组别。主题模型法并不需要事先规定必须出现情歌组别，再根据每首歌是否属于情歌来进行筛选，而是让主题（比如爱情）从数据中自然而然地出现。这些词语在歌曲中所呈现的模式，决定了组别的内容和数量。例如，歌曲中可能出现两到三种不同类型的爱，甚至是家庭或科技等听众根本没有意识到的内容。但通过浏览歌曲和歌曲中出现的单词，最主要的内容便能显现出来。

我们将这种方法用于分析数千首歌曲，确定了歌词中出现的主题或话题。不难猜到，爱情是一个重要的主题。除了炽烈的爱（例如"爱""火"和"燃烧"），还有不确定的爱（例如"爱""需要"和"得不到"）。

除此之外，还有其他的主题。身体动作（例如"弹跳""跳跃"和"摇摆"）、舞蹈姿势（例如"狂舞""电臀舞"和"薯仔舞"[1]），以及女孩和汽车（例如"女孩""公路""亲吻"和"汽车"），等等。

大多数歌曲中混合了多个主题。惠特尼·休斯顿（Whitney Houston）的《与爱人共舞》[*I Wanna Dance with Somebody（Who Loves Me）*]中明确谈到了跳舞，但这也是一首情歌。其他歌曲则同时涉及家庭和正面情绪。就像一名高中生既可以是运动员，也可以是游戏玩家，既可以是戏剧爱好者，也可以是班里的开心果一样，一首歌也可以涉及多个主题，尽管其中的一些主题要比其他主题更加突出。

1　20世纪60年代初流行的一种舞蹈动作，一只脚向后迈步，两脚交替，脚跟随之内旋和外旋。——译者注

主题	主题相关词语示例
愤怒和暴力	邪恶、死亡、怨恨、杀戮、残杀
身体动作	身体、弹跳、拍手、跳跃、摇摆
舞蹈动作	狂舞、嘻哈超人舞[1]、薯仔舞、nae 舞[2]、电臀舞
家庭	美国、男孩、爸爸、妈妈
炽烈的爱	燃烧、感受、火、心、爱
女孩和汽车	汽车、开车、女孩、亲吻、公路
正面情绪	感觉、真爽、嗯、哦、耶
灵性	信仰、恩典、合一、灵魂
街头信誉	浑蛋、婊子、有钱、街头
不确定的爱	无法、不能、爱、需要、得不到

通过确定每个主题的相关词语在每首歌中出现的频率，我们量化了每首歌对每个主题的深入程度。然后，通过对同一类型的所有选中歌曲进行平均计算，我们便可以了解每种类型的歌曲着重涉及的内容。

例如，很多乡村歌曲都涉及女孩和汽车（大约 40% 的歌词都涉及这个主题）；关于身体动作的歌曲不多；说唱歌曲大多涉及街头信誉，却很少探讨爱；舞蹈和摇滚歌曲会更多地包含炽烈的爱情；流行歌曲则多涉及不确定的爱情。

最后，我们分析了与众不同与成功之间的关系，也就是高人气的歌曲是否会涉及与同类歌曲不同（或相似）的内容。

1　嘻哈舞蹈动作，手肘弯曲斜举，头部向手肘靠近，另一只手平行抬起，向上斜伸。——译者注
2　嘻哈舞蹈动作，将一只手臂举起，身体左右摇摆。——译者注

当然，有很多乡村歌曲会谈到女孩和汽车，在这一标准上，任何一首歌曲的遵循程度会或多或少有所不同。一首歌曲可能会集中探讨这个话题，也可能稍微偏离。同样地，大多数摇滚歌曲在谈论炽烈的爱情，但也有一些歌曲偏向于不确定的爱情或舞蹈动作。通过将每首歌与同类型的其他歌曲进行比较，我们便可以了解其典型性，以及歌曲与典型的契合度是否对其人气产生了影响。

　　事实证明，非典型的歌曲人气更高。例如，一首关于女孩和汽车的乡村歌曲可能获得不错的人气，但是，关于舞蹈动作或街头信誉等非典型主题的乡村歌曲则更有可能成为热门金曲。一首歌曲的歌词与其类型的区别越大，人气往往就越高涨。

　　这不仅仅因为著名艺术家更爱使用非典型歌词，或是非典型歌曲在电台的播放时间较长。即使对这些以及其他几十个可能影响人气的元素进行控制，非典型歌曲的销量仍然更高，且下载量更大。

　　事实上，即使是观察同一首歌在两种不同类型的排行榜上的成绩，我们也会发现，一首歌在更显标新立异的排行榜上往往更受欢迎。在艺术家、歌词和其他一切元素保持不变的情况下，歌词越显与众不同，歌曲的表现就越好。[1]

1　有人可能会想，非典型歌曲之所以更受欢迎，是因为我们只看到了那些至少有点成绩的歌曲。或许，不受欢迎的失败歌曲同样与众不同。为了测试这种可能性，我们选择了一个符合条件的控制组，对这些没有引起关注的歌曲进行了分析。对于每一首进入榜单的歌曲，我们在同一位歌手的同一专辑中随机选择了一首未进榜单的歌曲。然而，与成功金曲相比，这些符合条件的非金曲要更加符合典型，进一步确认了非典型性有助于打造金曲的理念。

原来，与众不同真的是金曲的秘诀。

回到利尔·纳斯·X的那首登顶排行榜的热门歌曲，理解了非典型性与金曲之间的联系，我们便能解释《乡村老街》成功的原因。

这首歌里有很多乡村元素。歌曲以班卓琴的拨弦声开始，第一句歌词唱的是典型的乡村元素——骑马（"是的，我要在这乡村老街骑马驰骋／我要一路骑到筋疲力尽"）。

再听下去，歌词中充满了乡村的隐喻，从牛仔靴、牛仔帽到威格牛仔裤和骑公牛，不一而足。在发布这首歌时，利尔·纳斯·X本人曾表示这是一首乡村歌曲，传奇乡村歌手威廉·比利·雷·赛勒斯（William "Billy" Ray Cyrus）出现在歌曲的混音版中，这首歌首次登上公告牌排行榜时，也被置于"热门乡村歌曲"榜中。

然而，如果你仔细听，就会发现《乡村老街》远非典型的乡村歌曲。除了马和牛仔靴，歌曲还谈到了保时捷、毒品和臀部。与比利·雷合作的混音版中则提到了玛莎拉蒂和芬迪运动胸罩。那牛仔帽呢？歌曲里的牛仔帽不是斯特森牌的传统牛仔帽，而是奢侈品牌古驰。

歌曲中的音乐元素也是如此。当然，音乐中有班卓琴，但也贯穿着808鼓点和贝斯。相比于乡村音乐，这些元素在嘻哈音乐中要更为常见。的确，虽然《乡村老街》首次登上公告牌排行榜时是在乡村音乐排行榜上，但在接下来的一星期就被移到了"热门说唱歌曲"排行榜上。

随你把这首歌称作乡村说唱、村头嘻哈或其他什么类别，但《乡村老街》显然是一首非典型的歌曲。这首藐视体裁、打破界限的歌曲颠覆了歌曲的分类。说是乡村歌曲，里面的说唱元素却过于浓重；说是说唱歌曲，乡村元素也不容忽略。这首歌融合了不同的传统，打造出了前所未有、与众不同的产物。

虽然这首歌本身具有非典型元素，但其成功的原因却没什么出人意料之处。事实上，这首歌的成功完全在意料之中——之所以走红，秘诀就在于这首歌具有不同寻常的特质。[1]

差异性何时比相似性更胜一筹

这项音乐研究的结果非常有趣，但与电子邮件研究放在一起加以对比，却衍生出了一些重要问题。使用具有相似性的语言似乎有助于在职场获得成功，但使用差异性语言却能打造金曲。那么，我们应该在什么时候利用相似性，又该在什么时候利用差异性呢？

我们很容易将注意力放在某个领域的具体特征上。例如，电

---

1   虽然非典型的歌曲更受欢迎，但有人可能会说，融入更多典型的音乐特征可能有助于增加歌曲在该类型中的熟悉度。例如，《乡村老街》开头的琴弦拨动，立即会激起如乡村歌曲般的感觉。熟悉的声音和不同寻常的歌词，或许能打造最有效的新旧组合。其中的相似能够唤起温馨的熟悉感，但独辟蹊径的元素也足以让人感到兴奋和新奇。

子邮件的语言可能更为内敛正式，而音乐更张扬外放。电子邮件往往是为少数人写的，而音乐是为大众创作的。

但从本质上来说，相似性和差异性的区别在于二者唤起或暗示的东西，以及适合哪种特定的语境。

语言相似有很多好处。使用相似的语言通常需要一方聆听对方所说的话，因此可想而知，相似性可以带来诸如更美好的约会和更成功的谈判等收获。如上所述，这种和谐可以让人们感觉自己是某个团队或群体的一部分，有助于激发喜爱、信任和从属关系。的确，朋友之间往往使用相似的语言，使用相似语言的人更有可能发展成朋友。就像同一天生日或上同一所高中一样，使用相似的语言也可以暗示两人具有共同点或意见一致。

虽然如此，但差异性也有其好处。就像一遍遍重复相同的对话很快就会显得单调乏味一样，一味听同一首歌，总会让人厌倦。我们有一种根深蒂固的冲动——想要追求新奇和刺激，专注于新事物。其中一个原因，就是这些东西满足了我们的需求。我们不会一遍又一遍地做同样的事情，而是会寻找能带来变化和刺激的新体验。

另外，差异性也与创造力和难忘度有关。有创造力的人，思想容易在不同的想法之间跳跃，想出更有特色的口号和电影台词（例如，"愿原力与你同在"或"坦率地说，斯嘉丽，我一点也不在乎"[1]），也更容易给人留下深刻的印象。

1　分别出自"星球大战"系列和《乱世佳人》。——译者注

总体来说，相似性和差异性有好有坏。相似性让人感到熟悉和安全，但也可能令人乏味。差异性或许能给人带来兴奋和刺激，但也有其风险。

　　因此，相似性和差异性孰优孰劣，取决于具体环境的具体需求。

　　在大多数职场中，适应环境非常重要。当然，公司会声称需要创新和创造力，但归根结底，还是会要求员工听从指挥和完成工作。他们想要的是能够融入群体并做好集体一分子的人，因此，与群体一致的语言便发出了一个清晰的信号。看重差异性的情况也时有发生，但一般而言，相似性才是首要因素。

　　然而，对于新的音乐，人们更偏重于刺激，因此差异性更显重要。非典型的电影更加成功，音乐剧等其他文化产品或许也是如此。音乐剧《汉密尔顿》大获成功的原因之一，就在于其风格颠覆了观众的习惯。

　　事实上，虽然非典型的歌曲通常更受欢迎，但流行音乐的规律恰恰相反。这一点很好理解。顾名思义，"流行音乐"推崇的是相似，而不是不同。这种音乐经常被嘲笑千篇一律或一成不变，其性质就是顺应主流，而不是标新立异。因此不难理解，在一个推崇熟悉度的领域，具有相似性的歌曲会更受欢迎。

　　在你工作的领域，创造力、创新或刺激是否重要？如果是的话，差异性的语言或许能够带来益处。如果，你所从事的工作重视熟悉感、融入感和安全感怎么办？如果是的话，相似性的语言可能更合适。

什么东西和葡萄柚最相似？

上文中针对啤酒、电子邮件和音乐的研究，都考察了事物之间的相似性，无论是用户和集体之间、同事和同事之间，还是歌曲及其所属的类型之间。

但事实证明，另一个层面的相似性也有其重要意义，即同一样东西各个部分之间的相似性（如一本书的各个部分）。

即使你没有听说过《龙文身的女孩》，你也很可能认识听说过这部小说的人。这部心理惊悚小说，是瑞典作家斯蒂格·拉森（Stieg Larsson）"千禧年"三部曲的第一部，向全世界的读者介绍了女主人公莉丝贝丝·萨兰德——一位才华横溢但问题重重的电脑黑客。这部小说最初在瑞典出版，获得了极大的赞誉，后被翻译成世界各地语言。该系列已售出逾 1 亿册，被视为 21 世纪最伟大的书籍之一。

很明显，一本畅销书的成功需要很多元素的促成。主题必须有趣，人物必须引人入胜，情节必须精彩。但是，打造精彩情节的元素又是什么呢？

我们在第五章中谈到的情感轨迹给了我们一些线索，但除此之外，还有其他的元素在发挥作用。

在对《龙文身的女孩》这类书籍进行评论时，评论家经常会用到类似的说法："故事情节进展得很快""扣人心弦，情节从不拖沓""情节节奏很快,让我沉浸其中"。实际上,人们经常会将快速发展的情节作为喜欢某部作品的原因之一。但是,快速发展的情节意味着什么呢?情节发展得越快,就一定越好吗?

要回答这个问题,我们首先需要了解单词之间的关系或相似性。

以下哪个选项和葡萄柚最相似?是猕猴桃、橙子还是老虎?

这似乎是个很容易回答的问题。如果你是一个人,只要不小于3岁,答案应该非常明显。(答案是橙子。)

然而,想要快速判断数千个单词的相似性,就不得不动用计算机了。事实证明,这种问题对于计算机来说也是非常难答的。

机器学习的基础理论在于,计算机可以从数据中进行学习。即计算机可以获取可用的信息,识别其中的模式,甚至做出决定,且所有这些,都很少或甚至不存在人为干预。

想想亚马逊或奈飞的内容推荐。这些推荐不是由人类或是在网络上收集信息的精灵制作的,而是由机器产生的。算法会查看你和别人浏览过或购买过的内容,并以这些数据为根据,推测出你可能喜欢的其他内容。

你最近是不是为工作买了一件衬衫,或是为厨房添置了一台咖啡机?那么,亚马逊或许会向你推荐其他购买过这些产品的人可能喜欢的类似衬衫或新款厨具。你最近有没有看过《谍影重重》?如果有,奈飞便可能向你推荐《007》系列电影或其他动作片。

为了提出建议,尤其是准确的建议,算法必须观察各种关系。买了X的人倾向于喜欢Y,因此,如果你买了X,Y便很可能是一个不错的选择。

手机输入法上的自动补全或文本预测功能也与之类似。输入字母"d"，你的手机可能会提示"do"（做）这个单词。如果确认写下这个单词，手机就可能会继续提示一系列单词，如"we"（我们）、"need"（需要）、"more"（更多）和"milk"（牛奶）。这种算法会以你（和其他人）写下的单词和短语为根据，推测出你想说的话。

然而与给出推荐不同，对于计算机来说，判断猕猴桃和橙子哪个更像葡萄柚非常困难，因为这三者之间的关系不那么显而易见。人们不会在亚马逊上买葡萄柚，而在超市购买的数据也不是那么有用。有些人买葡萄柚，有些人买猕猴桃，有些人买橙子，但购买模式并不能让我们深入了解这些商品之间的相似之处。购买葡萄柚的人可能还会买面包、鱼或其他很多东西，所以，某些商品经常会被一起购买的事实并没有多大参考意义。事实上，人们可能经常会把葡萄柚和乡村干酪放在一起购买，然而，这两者并没有什么相似性。

虽然购买数据对于推断产品之间的相似性没有多大用处，但日常语言数据却很能说明问题。

每天都有数十亿人在互联网上写下数万亿个单词，无论是撰写新闻文章，发布在线评论，还是更新最新信息。每篇文章或每条评论本身可能并没有什么非常重要的意义，但结合在一起，便能提供一幅表示各种概念和理念之间关系的完整视图。

以这样一个句子为例："医生进入手术室，戴上手套。"从表面上看，这句话似乎很简单，但对于试图学习不同单词和概念之间联系的计算机来说，却提供了诸多有用的信息碎片。这句话表明，一个叫作"医生"的东西进入了一个叫作"手术室"的东西里，戴上了一种叫作"手套"的东西。

类似于我们用来识别歌曲主题的方法，浏览诸多含有相似单词的句子，我们就能渐渐发现不同单词、概念或想法之间的联系。如果"医生"经常进出"手术室"、戴"手套"，或与"病人"交谈，人们就可以逐渐了解"医生"是什么以及做什么。

这就是孩子进行学习的方式。一个 15 个月大的婴儿第一次看到你指着脸中间的东西说"鼻子"时，根本不会明白这个词的意思。对于他来说，鼻子就像"民主"或"反政教分离运动"一样新奇。但是，如果你多次指着自己或他的鼻子，抑或对着书上鼻子的照片说"鼻子"，他便终能认识到鼻子是什么。

机器也是这样学习的。比如，通过吸收维基百科上的所有文章或谷歌新闻上出现的所有内容，计算机便可以开始学习不同单词的意思以及单词之间的联系。

例如，如果"狗"这个词经常被"友好"这个词形容，读者（以及计算机）便能够将这两个概念联系在一起，视为较为相关的概念。同样地，如果"猫"经常被形容为"冷漠"，这两个概念之间的联系也能得到加强。

有的时候，想要形成这些关联，单词甚至不需要同时出现。如果"狗是动物"和"动物是友好的"这样的短语出现的次数足够多，即使我们不常用"友好"来明确形容"狗"，计算机也会把"狗"和"友好"联系起来。

英国语言学家约翰·鲁伯特·弗斯（John Rupert Firth）曾经说过："你可以通过一个单词的密友来认识它。"换句话说，通过观察单词出现的语境以及围绕前后的单词，我们就可以学习到很多单词的意思以及单词之间的关系。就像我们推断经常待在一起的人更有可能是朋友一样，位置相近的单词也更有可能在某种程度上具有联系。

基于这一理念，一项被称为"词嵌入"的技术能利用单词之间的关系，将单词嵌入一个多维空间。搬进新房，将厨房里的东西摆放整齐时，人们倾向于把相关的东西放在一起：比如把勺子放进餐具抽屉里，把蔬菜放进冰箱里，把清洁剂放在水槽下面。

词嵌入也这样对单词进行分配：单词之间的关系越密切，位置就越接近。例如，"狗"和"猫"这两个词可能非常接近，因为二者都是动物和宠物。但根据其不同的关联，"狗"这个词可能更接近"友好"，而"猫"这个词则更接近"冷漠"。

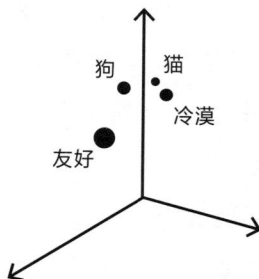

这种技术通常会涉及数百个维度，而不仅仅是二维或三维空间。

由于相关的单词位置更加接近，单词之间的相似性便可以通过距离来衡量。例如，相比于"猕猴桃"，"葡萄柚"这个词与"橙子"更接近，这表明二者更加相似。不难理解，所有的水果词都与"老虎"这个词相距较远。

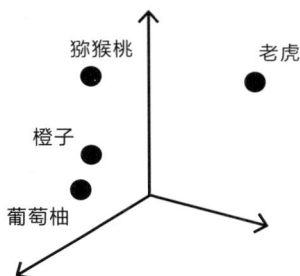

为情节发展定好节奏

词嵌入是一项非常了不起的技术。我们将在最后一章讨论到，我们可以通过这种技术对各种各样的领域进行研究，无论是性别偏见、种族歧视还是思想进化。

为了研究情节发展较快的书籍和电影是否更加成功，我和几位同事决定借鉴与词嵌入类似的基础理念，对更大的文本块（句子或段落）进行分析。两个单词之间存在着不同程度的相似性或相关性，同样地，在一本书、一部电影或任何其他内容的两个部分之间，相似程度也各有不同。

为了理解这种原理，我们可以思考一些人在高中时学过的地理教科书。在教科书中，有关于地壳、地震、天气甚至太阳系的章节。

任何一章的第一部分，都与这一章的下一部分有紧密关系。拿地震为例，这一章可以从定义地震开始，然后转而探讨地震的原因，这两个部分都会涉及类似的单词、短语和概念（例如，"地震""断层"和"板块构造"）。

一个章节中相邻的部分非常相似，同理可推，在教科书中，两个部分相隔得越远，二者之间的联系就越少。例如，与太阳系一章相比，地震一章中使用的概念、术语和思想都与之有很大区别。

同样的理念也可以运用于小说、电影或任何其他文本。例如，一场关于婚礼的戏份，或许与另一场同样关于这场婚礼的戏份非常相似。角色是一样的，背景是一样的，人们在做的事情可能也有紧密的关联。

然而，这场婚礼戏与外星人入侵、水肺潜水或修车的戏份相比，相似性就不那么高了。即便出场的角色一样，不同戏份所涉及的地点、物品和事件也会有很大差异。

通常来说，一本书或一部电影相邻的部分至少会存在某种联系，但需要注意的是，其关联的程度可能大相径庭，或许非常相似，也可能差异较大。

通过衡量一个故事中相邻部分之间的差距，我们便能确定情节发展的速度。例如，如果一个故事从婚礼的第一部分跳跃到外星人入侵，那么，这样的情节就要比从婚礼第一部分跳到第二部分的故事更快。如果一辆车在相同的时间内行驶了更长的距离，这辆车的速度就比另一辆更快。同样，当故事在不那么相关的主题之间跳跃时，情节的发展速度就更快。

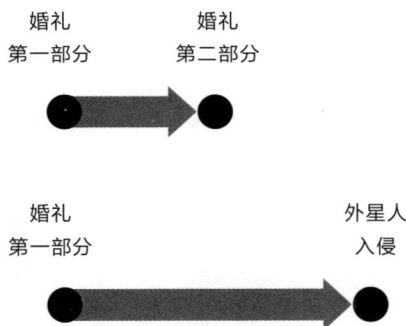

婚礼
第一部分

婚礼
第二部分

婚礼
第一部分

外星人
入侵

接下来，为了检验速度与成功之间的关系，我们对数以万计的书籍、电影和电视节目进行了分析，从查尔斯·狄更斯（Charles Dickens）和杰克·凯鲁亚克（Jack Kerouac）的经典名著，到尼克·霍恩比（Nick Hornby）的《失恋排行榜》和丹妮尔·斯泰尔（Danielle Steel）的《避风港》等较新作品，从"星球大战"系列和《低俗小说》等电影，再到《我爱露西》《南方公园》和《胜利之光》等电视剧。

总体来说，我们发现速度是个好东西。情节发展较快的书籍、电影和电视节目，要比情节发展较慢的内容更受欢迎。

就像非典型歌词会让歌曲听起来更有趣一样，更快的情节发展也会让故事更加刺激。比起拖泥带水的剧情，在反差更大的主题和创意之间快速切换不仅更加令人兴奋，也会得到观众更加积极的反馈。

此外，我们还发现，在故事中，情节有时应该快速发展，有时则应放缓节奏。

在一本书或一部电影的开头，画布一片空白。观众并不知道角色是谁，背景是什么，或者每件事之间有什么关系。因此，故事的开头为后面的叙述奠定了基础或起始的跳板。

这时，渐入佳境非常重要。观众需要时间来理解人物、人物之间的关系和所有其他因素，因此，情节一开始就发展太快，可能会让观众感到困惑。在接力赛中，如果第二棒冲出时动作太快，第一棒就可能因为追赶不上而无法传出接力棒。故事也是如此：如果情节发展太快，观众就可能会被甩在后面。

而这也正好与我们的发现相符：在故事的开头，进展速度太快是有害的。受众更加喜欢开头进展较慢的故事。

事实上，著名民间传说和儿童故事的开头部分，通常都会重复某个类似的概念，而不是快速地展开。例如在《三只小猪》中，第一只小猪用稻草盖了房子，狼把房子吹倒。然后，类似的事情也发生在第二只小猪身上。

笑话也是如此。喜剧通常遵循三法则，即"喜剧三法则"，意指类似的事件发生在多人身上。比如，一位牧师走进酒吧，发生了一些事。然后一位修女走进酒吧，也发生了同样的事情。

然而，一旦利用相似性奠定了基础，故事就必须向前发展。

如果第三只小猪或走进酒吧的牧师身上也发生了同样的事情，这个故事或笑话很快就会显得枯燥起来。因此，尽管相似性有助于打下基础和调动期望，但观众若认识了角色并了解了背景，故事的节奏就应该快起来了。

事实上，随着故事的发展，速度造成的影响便出现了逆转。尽管受众喜欢缓缓开头的故事，但在此之后，他们更加享受快节奏的发展，以至于到了结尾，情节进展越快，故事就越是深得人心。

故事的速度很重要，但快点好还是慢点好，要取决于叙事的阶段。最成功的情节会缓缓开启，但一旦调动起大家的兴趣，情节便会加大马力，并在发展的过程中让观众的兴奋感与兴趣不断升级。

综上所述，无论是讲故事还是更加普遍的交流，这些研究结果都有着重要的意义。如果目标是娱乐受众，那么快节奏就能起到积极作用。速度越快，受众就越兴奋和越投入。然而，故事的开头应该缓慢一些，确保每个人都能投入进来。随着事件的进展，故事也可以相应提速。

另外，如果故事的目的是提供信息，不同的轨迹或许更加合适。果不其然，我们在分析学术论文的成功因素时发现，快速是有害的。这是因为，学术论文偏重于提供信息，而不是娱乐读者。虽然在相关观点之间快速切换会让内容更具刺激性，但也会让内容更难理解。因此，尤其是在表达复杂的观点时，如果你的目的是传达信息，放慢速度可能才是最有效的方法。[1]

彰显魔力

我们经常过于关注想要传达的内容，较少考虑传达的方式，且更难察觉语言的相似性。

但这并不意味着语言的相似性不重要，因为从谁晋升了和谁被解雇，到歌曲、书籍和电影是否大热，都会受到相似性的影响。想要对语言相似性的价值加以利用，请遵循以下建议：

1　另外，我们还从更广泛的角度衡量了故事的进程。我们常说，某个故事"覆盖的范围很广"或"原地兜圈"，前者可以被称为故事的体量，后者则可以被称为故事的迂回度。

以体量为例，在 40 分钟内跑 6 公里可能意味着在 40 分钟内绕 1 公里跑道跑 6 圈，或者绕 6 公里的跑道跑 1 圈。后者覆盖的范围更广。

故事或叙述也是如此。其中有些覆盖了宽广的领域，跨越了各种彼此之间相差甚远的主体。有些则更加集中在同一个领域，停留在相关理念组成的较小集合上。为了捕捉这一点，我们将每个故事中的元素集合起来，塞入压缩包装中，对体量进行了测量。

体量也帮助我们进一步理解了故事成功的原因。例如，涉及广泛的领域对于电影来说可行，却不利于电视节目。这可能是由受众在消费不同媒体内容时的不同追求所驱动的。人们看电影通常是为了寻求一种体验，换一种方式思考，或者进入一个不同的世界，而看电视节目往往是为了快速转移注意力。因此，包含太多不同的想法可能会让内容过于混乱，降低乐趣。

另外，我们还衡量了迂回度，即故事采用的是较为直接还是间接的路线。虽然兜圈子似乎是件坏事，但事实并非总是如此。实际上，迂回度有益于学术论文。对于重要理念而言，相比于只展示一次，通过逐渐深化复杂度或放在不同用途背景下重复展示，可以帮助人们深入理解，并增强学习效果。

1. 彰显相似性。具有相似性的语言有助于营造熟悉感或融入环境。例如，留心同事们措辞的方法，并借鉴他们的一些言谈举止，便可能帮助我们在职场快速晋升。

　　2. 突出差异性。相似性并不总能带来积极的效果，差异性也有其益处，尤其是在注重创造力、创新或刺激的行业之中，与众不同或许才是正解。

　　3. 为情节发展定好节奏。在起草演讲稿、写故事或创作特殊类型的内容时，务必考虑到情节的进展。开头时要慢一点，确保受众参与进来，然后再加快速度，增加兴奋感，意在娱乐时尤其如此。但是，如果你的目标是提供信息，那么放慢速度并覆盖更大的范围则会更加有效。

　　通过理解和关注语言的相似性，我们不但可以更加有效地交流，制作出更高质量的内容，还能更清楚地了解内容成功与失败的奥秘。

7

语言的启示

1727 年 12 月 13 日，一部戏剧在伦敦的特鲁里街皇家歌剧院首演。这部剧的剧名为《将错就错》，融合了悲喜剧元素，由剧作家刘易斯·西奥博尔德（Lewis Theobald）创作。主人公是两男两女，两个年轻女人一个出身高贵，另一个出身卑微；两个男人则一个高尚，另一个邪恶。故事探索了纠缠纷繁的人际关系、家庭的悲欢离合，以及矛盾与和解。

　　然而，这部剧最吸引人的地方是故事的出处。剧本的标题页声称，这部戏剧的创作者不是别人，正是威廉·莎士比亚。西奥博尔德表示，他发现了一份无人发现过的莎士比亚手稿，费了很大精力才对手稿进行复原，编成了这部新上演的戏剧。

　　然而，这部戏剧真的出自莎士比亚之手吗？鉴于莎士比亚在当时已经去世了 100 多年，这件事谁又能说得准呢？

辩论语言学

列举历史上最伟大的剧作家，人们往往会提到几个相同的名字。著有《不可儿戏》和《道林·格雷的画像》的奥斯卡·王尔德（Oscar Wilde），是有史以来最受欢迎的作家之一，以《欲望号街车》和《热铁皮屋顶上的猫》等剧作而闻名的田纳西·威廉斯（Tennessee Williams），以及创作了《推销员之死》和《萨勒姆的女巫》等美国经典戏剧的阿瑟·米勒（Arthur Miller），也都榜上有名。

然而，有一个名字通常会出现在榜单的首位，就是莎士比亚。他有着"英国民族诗人"和"艾芬河的吟游诗人"等头衔，被广泛视为英语语言中最伟大的作家。他是喜剧《仲夏夜之梦》和《威尼斯商人》以及悲剧《罗密欧与朱丽叶》和《麦克白》背后的天才，其戏剧曾被译成各种主要语言。他的作品被搬上舞台的频率比其他任何剧作家都高，是世界各地剧院的重头剧目。

鉴于莎翁的盛名，我们自然会认为很容易查到他的作品列表。毕竟，只需搜一搜奥斯卡·王尔德、田纳西·威廉斯或阿瑟·米勒的名字，你就能找到他们写过的所有作品的准确清单。

然而，莎士比亚的情况要更加复杂一些。当时的书面作品还不受版权保护，因此他担心作品遭人窃取而没有发表剧本。而这，也就引出了人们凭借对莎翁作品的记忆创作出的盗版版本。此外，直到去世，莎翁都没有出版过正式的剧作目录，让解开谜题难上加难。事实上，在列出莎士比亚创作的戏剧数量时，许多资料都引用了"大约"39 部戏剧作品的说法，确切的数字并不清楚。

其中一部备受争议的作品就是《将错就错》。西奥博尔德声称作品出自莎士比亚之手，是有其合理性的。毕竟，西奥博尔德是一位狂热的手稿收藏家，也发表了大量关于莎士比亚作品的文章，所以，他的确有可能发现了一部未经发表的宝藏作品。

但是，西奥博尔德的原始手稿在一场图书馆大火中遗失，导致这一说法的真实性难以被证实。此外，鉴于莎士比亚的显赫名声，许多评论家也对此表示了怀疑。他们认为西奥博尔德是个骗子，想要拿某个不太知名的剧作家的作品冒充出自莎士比亚之手，吸引人们的注意，以助门票大卖。

在接下来的几个世纪里，关于该剧作者的争论一直非常激烈。一些学者提供证据证明这部剧是莎士比亚的作品，而另一些学者则认为这部剧出自西奥博尔德之手。更让人匪夷所思的是，150 年前，一部类似主题的戏剧曾经在伦敦上演过，而作者据说是莎士比亚和一位名叫约翰·弗莱彻（John Fletcher）的合著者。

那么，这部剧的作者到底是谁呢？是莎士比亚、西奥博尔德、弗莱彻，还是这三人之间的某种组合？由于潜在的作者早已去世，这个问题似乎永远不会得到解答。

然而在 2015 年，两位行为科学家想出了解决这个难题的方法。他们没有仔细筛查历史文献或档案，没有与研究莎士比亚的学者交谈，也没有认真研读具体的措辞或表达方式。更夸张的是，他们甚至没有读过《将错就错》的剧本，便得出了结论。

他们所做的，只是将剧本在电脑上进行了识别。

想象一下，你想教一个蹒跚学步的孩子认识不同的动物，包括奶牛、鸡、山羊和其他农场里常见的动物。

首先，你可以给孩子看一张奶牛的照片，并重复几次"奶牛"这个词。其次，你可以给他看一只鸡的照片，然后重复几次"鸡"这个词。最后，你可以拿出一张山羊的照片，重复这个过程。

不过，只进行一次可能还不够。毕竟，如果一个 15 个月大的婴儿以前从未见过奶牛，可能不会只看一次就能记住。

所以你可能需要多加练习。你得让孩子看一本带有农场动物图片的书，重复说几次"奶牛"，然后换另一本书重复这个过程。你要给孩子看姿态各异的奶牛，同时一直重复"奶牛'这个词，鼓励孩子建立起联系。

将"奶牛"这个词与黑白相间、身材壮硕、四条腿的大型生物的图片相匹配，在多次重复之后，孩子便能理解这个概念。他会意识到，奶牛不仅仅是书中的一张图片，还有更多的属性。他能够认识到，不同书本上的奶牛其实是同一种动物。在从未看过的书中发现新的动物图片时，他说不定也能认出其中的奶牛来。

简单地说，他已经懂得了奶牛的概念。

辨识某物是不是奶牛，这是一个分类的例子，同样，机器也可以通过训练来做这件事。给算法提供一组图片，并给不同的物体贴上标签（例如，这是一头奶牛，那不是一头奶牛），算法便能开始学习区分。接下来，给算法看一张奶牛的图片时，即便算法从未见过图上的奶牛，也可以根据其他图片中学到的信息进行正确分类，判断新的物体是不是奶牛。

文本也可以通过类似的方式进行分类。通过相关示例进行训练之后，算法可以学会识别社交媒体上的仇恨言论，或者确定指定的文章应该归属于报纸的哪个版面。

使用类似的方法，研究人员确定出了《将错就错》的作者。他们先是找出了三位潜在作者所写的所有剧本，然后用文本分析软件对每个剧本进行分析，确定每个剧本里有多少个单词出现在数百个分类中。例如，每个剧本使用了多少个代词（比如"我"和"你"），是否使用了大量与情感相关的单词，以及倾向于使用较长还是较短的单词。

一位剧作家的所有戏剧并非在这些标准上全部一致，但通过针对几十部戏剧的研究，科学家们得以逐渐识别出每位作家的语言特征。然后，通过将这些显著特征与《将错就错》中使用的语言进行比较，科学家们就可以确定该剧作者的身份。

分析结果表明，《将错就错》并非赝品。前三幕显然是莎士比亚创作的，而后两幕很可能出自莎士比亚曾经的合著者约翰·弗莱彻之手。与西奥博尔德精于编辑的名声一致，这个剧本中也带有他的一些风格的痕迹。

就这样，两位行为科学家在没有阅读剧本的情况下，解开了一个几个世纪悬而未决的文学之谜。

语言的启示

本书的前 6 章主要讨论了语言的影响。即我们如何通过使用充满魔力的单词、短语和语言风格，来创造更多的快乐、健康和成功。除此之外，我们还探讨了语言给同事、朋友、顾客带来的影响。

然而，正如《将错就错》的例子让我们看到的，语言扮演着双重角色。单词、语句不仅会影响和打动倾听或阅读的受众，还能反映和揭示创作者的特征。

举例来说，相比之下，莎士比亚较少使用与情感相关的词语，而西奥博尔德则使用较多。西奥博尔德习惯使用大量的介词（如"of""in"和"from"）[1]和冠词（如"the"和"an"）[2]，而弗莱彻则倾向于使用大量的助动词和副词。不同的作家倾向于用不同的风格进行写作。

因此，如同指纹一样，语言也会留下创作者的痕迹或信号。

此外，具有相似性的人往往会使用具有相似性的语言，因此，我们可以通过某人留下的语言对其有所了解。老年人和年轻人的说话方式不同，民主党人和共和党人的说话方式不同，内向和外向之人的说话方式也不同。当然，他们使用的词语不至于截然不同，也会有一些重叠。但是，对于某人所用语言的了解，有

---

1 "……的""在……"和"从……"。——译者注
2 "这／那"和"一（人、事、物）"。——译者注

助于我们对其年龄、政治观点和性格得出准确的判断。

利用语言进行预测的价值不止于此。我们可以根据措辞推测某人是否在说谎，也可以根据申请论文中的用词预测这位学生是否会在大学取得好成绩。我们可以根据脸书上的帖子预测作者是否会患上产后抑郁症，也可以根据一对恋人在社交媒体上的帖子（甚至是与恋爱无关的内容）来预测两人是否会分手。

人们使用语言来表达自己、与他人交流，并实现预期的目标。因此，人们使用的语言可以透露许多关于本人的信息，让我们知悉他们现在的感受以及未来的发展。莎士比亚和西奥博尔德习惯通过特定的方式进行交流，虽然人们在沟通中不会有计划或有意识地这样做，但我们仍能通过其措辞中发出的信号，发掘诸多有趣和重要的信息。比如，这个人拖欠银行贷款的可能性有多大。

预测未来

想象一下，你正在考虑借钱给两个陌生人中的一个。每个人都想借 2000 美元修理家中的屋顶，两人的人口结构和财务特征相同，年龄、种族和性别相同，生活在同一个地区，收入水平和借款人信用评分也相同。事实上，两个人唯一的区别，就在于申请贷款时所用的语言。

一号	二号
我是一个努力工作的人，结婚25年了，有两个很优秀的儿子。请让我向您解释一下我需要帮助的原因。这2000美元贷款是拿来修理我们家的屋顶的。我感激不尽，愿上帝保佑您，我保证一定会还钱的。	过去一年，我们在新家的生活一直很顺利，但现在屋顶漏水了，我需要借2000美元支付修理费。我是个按时缴纳所有账单（如车贷、有线电视费、水电费等）的人。

你认为，这两个人中谁更有可能还钱？

在决定是否借钱给某人时，贷款人通常会关注潜在借款人的还款能力。虽然这个问题看似简单，但想要得出答案，却往往相当复杂。偿还贷款需要很长时间，而随着时间的推移，许多不可预见的情况都可能发生。因此，银行和其他金融机构经常使用成千上万的数据点集来估算发放贷款的风险。

其中最基本的一类数据，是潜在借款人的财务实力。信用历史记录记载了某人的信用额度（如按揭贷款、一般贷款和信用卡贷款等）、此人是否按时支付账单，以及是否出现过账户被催收的情况。除此之外，人们还会基于此人的信用记录、收入和债务水平得出 FICO 评分[1]。例如，已经过度杠杆化或者申请过破产的人，违约和无法偿还贷款的风险似乎更大。

除了财务实力之外，人口结构也可能发挥作用。虽然《公

---

[1] 美国数据分析公司费埃哲公司（Fair Isaac Corporation）创立的信用评分制度，可作为衡量消费者信贷风险的指标。——译者注

平信贷机会法》和《公平住房法》禁止贷款决策中直接使用种族和性别等人口变量，但一些贷款人仍会在做出决定时参考相关因素。

最后，贷款本身的一些方面也会产生影响：要求的贷款越多或利率越高，违约的可能性就越大。

也就是说，尽管所有这些信息都有助于预测风险，却无法得出准确的诊断结果。举例来说，信用评分虽然能够提供过去发生的事情的概况，但往往忽略某人的健康状况和工作年限等更具前瞻性的重要因素。个性和情绪状态也会影响财务行为，但却无法通过纯粹的财务指标来衡量。

那么，人们使用的语言是否能够多提供一个视角呢？

众筹和网络借贷[1]平台在当今的贷款市场中发挥着关键作用。消费者无须向大银行贷款，而是发布自己的需求，由个体投资者或潜在贷款人决定向谁提供资金。通过这种方法，投资者通常可以获得比其他类型投资更高的回报，而借款人则通常可以拿到比传统银行更低的利率。例如，"繁荣市场"（Prosper）[2]这一借贷平台就已经让100多万人获得了超过180亿美元的贷款，用于偿还大学贷款和改善住房等各种途径。

除了提供一般的定量信息（如贷款金额和信用评分），潜在

1　也称社交借贷，指个人与个人之间通过电子商务网络平台进行的小额信用借贷交易。——译者注
2　美国第一家网络借贷平台。——译者注

借款人通常也会提供一段简单的概况介绍，简要说明准备用这笔钱做什么，以及贷款人为何应该选择他。有的借款人可能会说自己正在扩大业务，需要花钱购买更多的产品；有的借款人则可能声称需要钱来修缮屋顶，或是为教室添置更多的用品。

借款的原因各不相同，除此之外，人们使用的语言也各有特色。在上文的例子中，两个人都需要钱来修理自家的屋顶，但却使用了迥然不同的语言来进行描述。一个人称自己是个"努力工作的人"，而另一个人则指出自己是个"按时缴纳所有账单的人"。一个人谈到了自己的家庭（"结婚 25 年了，有两个很优秀的儿子"），但另一个人没有提到家庭。

我们很容易将这些描述视为无法验证的"空谈"。毕竟，口头上说自己"一定会还钱"，并不能保证这个人一定会还。同样，即便是不可信和不可靠的人，也可以在口头上标榜自己靠谱。

然而，为了弄清这些看似无用的空谈是否能揭示哪些借款人会违约，研究人员对超过 12 万份贷款申请进行了分析。除了财务信息和人口统计信息（如地理位置、性别和年龄），他们还分析了潜在借款人在贷款申请中提供的文字性说明。其中包括潜在的相关事项，比如这笔钱的用途（修理屋顶或购置更多的办公用品），以及看似不那么相关的事项，比如借款人是否提到了家庭或宗教。

不难猜到，财务和人口统计信息发挥了相当大的作用。仅凭这些变量，人们就能相当准确地预测出谁会违约。

此外，针对文本的分析也发挥了进一步的作用。综合人们在描述中所写的文字，可以显著提高预测的准确性。与单纯参考财务和人口信息相比，结合文字信息后，贷款机构的投资回报率提高了将近6%。

其实，在对于预测准确性的帮助上，文本本身几乎能与一些银行通常参考的财务和人口信息媲美。很明显，借款人都希望能够获得资金，但是，他们使用的词语却能在无意间透露他们最终是否真能还款。

除此之外，研究人员还发现了能够最有效区分还款者和违约者的单词或短语。还款者更有可能使用与其财务状况相关的单词和短语（如"利息"和"税务"），或是谈及其财务能力的改善（如"毕业"和"晋升"）。他们还会使用一些表明自己财务素养的词和短语（如"再投资"和"最低还款额"），也更有可能讨论就业和学校、降息和月供等话题。

然而，违约者却会使用截然不同的语言。他们更有可能用到与经济困难有关的单词或短语（例如"发薪日贷款"[1]或"再融资"），或是提到在其他领域遇到的困难（如"压力"或"离婚"）；他们也会用到解释当前情况原因的单词和短语（如"解释理由"），或是谈及自己的工作状态（如"努力工作"或"工作者"）。同样，他们更有可能恳求得到别人的帮助（如"需要帮助"或"请帮忙"）或是涉及宗教话题。

实际上，使用"再投资"一词的人全额偿还贷款的可能性几

---

1 一种无担保小额短期贷款，通常用下一次发薪时的薪水进行支付。——译者注

乎是其他人的 5 倍，而使用"上帝"一词的人违约的可能性几乎是其他人的 2 倍。

从其他方面来说，还款者和违约者虽然讨论的话题相似，但表达方式却不同。例如，两者都使用了与时间相关的词语，但违约者似乎更关注短期（如"下个月"），而还款者则关注较长期（如"明年"）。同样，两者都会谈到人，但还款者较多谈论自己（如"我愿意""我将"和"我是"），违约者则倾向于谈论他人（如"上帝""他"或"母亲"）。即便违约者把自己纳入谈话，也倾向于用"我们"而不是"我"。

有趣的是，从很多方面来说，违约者的写作风格都与撒谎和外向的人有相似性。虽然没有证据表明违约借款人在书写申请时有意瞒骗，但无论有意与否，他们的写作风格都会暴露一些对自己还款能力的怀疑。

回到上文中两个人借款修理屋顶的问题，两人的说辞都很有说服力，看上去也都是会把这笔钱用于正途的好人。

一号	二号
我是一个努力工作的人，结婚 25 年了，有两个很优秀的儿子。请让我向您解释一下我需要帮助的原因。这 2000 美元贷款是拿来修理我们家的屋顶的。我感激不尽，愿上帝保佑您，我保证一定会还钱的。	过去一年，我们在新家的生活一直很顺利，但现在屋顶漏水了，我需要借 2000 美元支付修理费。我是个按时缴纳所有账单（如车贷、有线电视费、水电费等）的人。

但是相比之下，第二个人还钱的可能性更大。第一个人可能让人感觉更有说服力，但实际上，其违约的可能性却是第二个人的8倍。人们的语言能够揭示他们未来的行动。即便有意隐藏，在不自知的情况下，他们在未来采取的行动也可能会通过语言泄露出来。

通过语言看社会

语言可以揭示剧本作者的身份或者某人是否会拖欠银行贷款，这的确非常神奇。然而，语言的实际效用远远不止于此。除了透露关于具体个人的信息，语言还能揭示关于社会的更加广泛的图景。偏见和理念塑造了我们看待世界的方式。

性别歧视无处不在。从招聘和评估到认可和薪酬，女性往往会受到带有偏见的评判，遭受不那么公平的待遇。例如，在同样的工作岗位上，女性的薪水通常比男性低，同样一份简历，如果附上女性而非男性的名字，就会被认为不那么够格，获得的薪水也更低。

然而，这种偏见从何而来？又该如何化解？

说到性别歧视、暴力犯罪或任何其他的社会弊病时，评论家们经常会将矛头指向文化。他们认为，暴力的电子游戏会让人变得更暴力，厌女的音乐则会强化偏见。

这个观点有一定的道理。例如，消极展现女性的歌词会强化听众厌女的心态和行为。然而，支持平等的歌词可以倡导支持女性的行为。因此，刻板印象和偏见如此持久的一个原因，就在于受到了我们每天消费的歌曲、书籍、电影等文化作品的强化。

但是，虽然文化作品可能会造成一定的影响，但其实际原理却不那么透明。拿音乐举例，歌词真的对女性带有偏见吗？歌词又是如何随时间而变化的呢？

为了回答这个问题，蕾哈妮·伯格拉蒂（Reihane Boghrati）与我合作，将1965年至2018年发布的超过25万首歌曲汇编在一起。从今天的热门歌曲［例如约翰·梅尔（John Mayer）和"亚瑟小子"（Usher）的作品］，到著名的经典老歌［例如格蕾蒂丝·奈特（Gladys Knight）的《开往乔治亚的夜班车》（*Midnight Train to Georgia*）］，再到大家从未听说过的歌曲，范围覆盖流行、摇滚、嘻哈、乡村、舞曲和节奏蓝调。

找人听完每首歌曲进行分析的方法不仅耗时，而且带有强烈的主观性，于是，我们使用了自动文本分析。与鉴别莎士比亚的两位"侦探"使用的方法类似，我们也将每首歌的歌词输入算法中，了解歌曲对于不同性别的讨论方式是否存在不同。我们不只研究歌词是否明确地表达了积极或消极的观点，还探索了其中是否含有一种更加微妙且更加潜移默化的偏见，比如那种在挑选求职者时经常出现的偏见。

假设有两位求职者，一位叫迈克，另一位叫苏珊。两个人都非常优秀。迈克富有才干、经验丰富，苏珊待人友好、乐于助人。对于这两个人，我怎么赞美都不为过。

发现其中的问题了吗？或许没有吧。这是因为，我们倾向于用一种非常浅显直白的方式审视偏见。

用不同眼光看待男性和女性的招聘人员，明显带有偏见。抑或，如果招聘人员之所以从不同视角审视简历，只是因为求职者的名字是迪伦（一个典型的白人名字）而不是迪安德尔（一个典型的非裔美国人名字），其中的种族歧视便昭然若揭。

但事实证明，形式更为微妙的偏见也可能同样危险。思考一下我对迈克和苏珊的描述。从表面上看，双方都得到了积极的评价。但是，在这些积极的描述中，表达方式却有所不同。

与用来形容迈克的词（"富有才干"和"经验丰富"）一致，针对男性的描述通常基于此人是否具备能力，比如多么聪明、智慧、成功，是否具备战略思维，有多擅长解决问题。事实上，搜索富有才干的人物的图片，出现的男性比例几乎是女性的 2 倍。

然而在谈论女性时，人们往往会把注意力集中在一个不同的特征上。与用来形容苏珊的词（"待人友好"和"乐于助人"）类似，针对女性的描述通常基于此人是否待人温柔，比如多么爱给人以呵护、支持，多么友善，以及是否善于建立积极的人际关系或是帮助他人发展。搜索温柔人物的图片，其中几乎 2/3 是女性。

"温柔"和"能力"这两个词之间的区别看起来虽然很小，但却能带来巨大的实际影响。例如，招聘和晋升通常取决于一个人表现出的能力有多强，对于领导职位来说更是如此。因此，由于用来描述女性的语言不太注重能力，女性便处于不利地位。

我们研究了这种语言差异是否存在于音乐之中。例如，谈论女性的歌曲是否不太关注能力或智力，以及这种现象是否随着时间的推移而有所改变。

我们得出的证据非常混杂。从某些方面来说，情况有所改善。20 世纪 70 年代和 80 年代初，歌词明显对女性有偏见。睿智、伶俐、有野心或勇敢的人物出场时，这个人很可能是男性而非女性。然而在 80 年代末和 90 年代初，歌词则朝着更加公正的方向发展。无论是流行音乐、舞曲、乡村音乐、节奏蓝调还是摇滚，歌词都变得更加公平，对于女性的描述也更接近于男性。

然而到了 20 世纪 90 年代末，这种进步又发生了逆转。歌词变得更加偏颇，直到今天也仍是如此。这种偏见虽然不像 70 年代那样强烈，但肯定比 90 年代初更甚。[1]

此外，这些转变似乎是由男性使用的语言驱动的，女性音乐家使用的语言变化并不大。即使回到 20 世纪 70 年代，女性也倾向于用类似的语言讨论两性，这种情况一直延续至今天。然而，男性音乐家的语言变化却要明显得多：从 20 世纪 70 年代起，他们的语言就存在偏见，在 90 年代初有所改善，但这种变化又在过去几十年里趋于平稳。

音乐并不是唯一表现出这种性别差异的领域。儿童书籍以男

1　人们经常指责嘻哈中强烈的厌女文化，这种类型的音乐在 20 世纪 90 年代初开始流行起来，因此或许对这种转变起到了推动作用。但是，单纯指责嘻哈未免以偏概全，因为许多其他类型的音乐也呈现出类似的模式。例如，乡村音乐在 20 世纪 90 年代末也变得更加偏颇。从某种程度上来说，节奏蓝调和舞曲也是如此。

性角色为主，即便出现动物角色，男性的比例也是女性的 3 倍；在教科书中，提到的人物有 3/4 是男性；电影中，有台词的角色只有 30% 是女性；在商学院的案例研究中，只有 11% 的主角是女性。

问题不仅在于被提及人物的性别差异。谈到男性和女性时，人们使用的讨论方式也有所不同。在报纸谈及的男性和女性中，男性大多拥有领导或老板这样的身份，而女性更多拥有家庭主妇和接待员这样的身份；在电影中，女性角色较少谈及与成就相关的事情；在体育中，与男性网球运动员相比，女性网球运动员被问及与网球无关问题的可能性要多出一倍（比如她们在哪里做指甲）。

我们很容易将这个问题归咎于个人。毕竟，不同的记者会选择描写不同职业的人物，而不同的采访者也会向各种网球运动员提出不同的问题。

但综合起来，这些个人的选择揭示了他们所处的更广泛的社会背景。如果只有少数记者或音乐家是性别歧视者，我们便几乎不会注意到，这是因为，那些带有偏见的言论将会淹没在更加公正的言论之中。

然而，这些偏见在数百、数千甚至数百万个例子中仍能露头的事实表明，问题并没有表面那么简单。这些语言"面包屑"所反映的并非少数人及其个人选择，而是让我们看到，这些问题要比表面上看起来更加根深蒂固。这些看待和对待不同人群的方式，已经到了积习难改的地步。

这一点，在种族问题上表现得最为明显。

种族主义和治安

布伦娜·泰勒（Breonna Taylor）于 2020 年 3 月 13 日被杀。午夜过后不久，警察冲进了这位 26 岁的紧急医疗技术员的公寓。泰勒当时正在床上，在随后发生的混乱之中，警方连开 32 枪，泰勒身中 6 枪死亡。

乔治·弗洛伊德（George Floyd）于 2020 年 5 月 25 日被谋杀。当时，弗洛伊德在一家便利店用一张 20 美元的钞票购买了一包香烟，店员认为收到假钞，于是报了警。第一辆警车在 17 分钟后到达，弗洛伊德被 3 名警察压在身下，不省人事。不到 1 小时后，他被宣布死亡。

这些，只是警察针对非裔美国人执法相关案例的两个例子。这两个事件在全美引起了强烈民愤，导致了"黑人的命也是命"（Black Lives Matter）运动的复兴，并在全美引发了关于种族和治安的讨论。

然而，除了这些引人注目的事件之外，人们却往往忽视了警察与社区之间的日常互动。[1]据估计，每年都有超过 25% 的人会在某个时间点与警察有所接触，最常见的互动是在交警拦检期间。

除了如此高的频率之外，这些互动还会造成意义深远的影

1　不消说，这些问题牵扯到复杂的因素。警察每天都冒着生命危险保护自己所服务的社区，来自各种族或民族的所有公民，都有权享受安全、保障和平等的待遇。

响。每一次互动都是一次机会，可以建立或削弱公众对警察的信任，也能巩固或撼动警察与社区之间的桥梁。

但是，这些日常互动的具体情况如何呢？黑人和白人真的受到了区别对待吗？

具体的答案，似乎取决于对谁提出这个问题。黑人人群表示，他们与警察产生摩擦的经历较多。根据他们的描述，自己受到的对待较为不公、苛刻，且不被尊重。例如，超过 3/4 的非洲裔美国人表示，警察对待黑人不像对待白人那样公平。

不难理解，警察们对这个问题的看法不同，大多数人拒绝承认自己的行为带有歧视。在他们眼中，这些黑人的死亡是由几个害群之马或当时的特殊情况造成的孤立事件。许多警察都认为，他们所针对的只是犯罪行为，与其说是受偏见驱动，不如说区别对待的原因是犯罪人员的种族差异。

那么，到底哪一种说法在理呢？

2017 年，斯坦福大学的科学家试图找出问题的答案。显然，警察与社区的互动取决于一系列复杂的因素，但为了理解其中的机制，研究人员将重点放在了语言上，也就是警察与白人和黑人交谈的方式。

科学家们与加利福尼亚州奥克兰市合作，检查了数千次交警常规拦检时由随身摄像机拍摄的影像。他们对其中黑人司机被拦下的案例进行了分析，也分析了数量相等的白人司机被拦下的案例。

这种互动通常遵循相同的模式展开。司机因车速过快或驾照过期而被拦下，警察往往会做一些笔记，检查车牌，于确保其他一切正常，然后走到驾驶座的窗户前。

一切进展顺利时，对话便会随之展开。警察解释司机被拦下的原因，并要求司机出示驾照和车辆登记信息，以便进行一些背景调查。司机提供信息，然后耐心等待必要的调查程序。最终，问题得到解决，双方各行其是。开车的人可能会收到一张罚单，或者接到一些修理车辆的指示，但所有对话都以友好的方式收场。

然而，并非所有的对话都如此简单，而且交流也有许多偏离正轨的可能性。比如，警察可能会担心乘车者携带武器、醉酒或吸毒，而司机则可能会感到害怕或焦虑，通过语言或其他方式爆发。这样一来，事态很快就会失控。

显然，双方在其中都扮演了一定的角色，但是，警察措辞的作用是至关重要的。这些措辞可以表达尊重和理解，也可以表达轻蔑和漠然；可以安抚焦虑的司机，也可以给焦虑的司机火上浇油。

研究人员分析了警察使用的语言，检测白人和黑人司机是否受到了不同程度的尊重。留心观察所有信息非常费时，而且研究人员自己的偏见可能会对判断造成影响，因此，他们选择让语言自己"说话"。于是，他们借助机器学习，对所用的语言进行客观的衡量和量化。

研究结果显而易见。针对几百小时交流的分析表明，警察对黑人司机使用的语言在礼貌、友好和尊重程度上都有所欠缺。

例如，与白人司机交谈时，警察更有可能使用正式的头衔（例如"先生"或"女士"），予以安抚（例如"没关系""别担心"或"没问题"），或是将主动权交给司机（例如"您可以____"或"您能____"）。另外，警察也更有可能使用司机的姓氏，讨论与安全相关的话题或是使用积极的词汇。

然而，在与黑人司机交谈时，警察更有可能使用非正式的头衔（例如"哥们儿""伙计"或"兄弟"），提出问题，或是让他们把手放在方向盘上。简言之，调查结果表明，"相较于与白人群体的互动，警察与黑人群体的互动带有更多的压力或焦虑"。

出于公平起见，人们可能会怀疑，这些差异是不是由种族以外的其他因素造成的。或许，警察之所以对白人司机更有礼貌，是因为被拦下的白人司机碰巧年龄更长，或是有更多的女性。也可能，这种差异是由违规的严重程度造成的。如果一些司机只是因为一些小事（例如尾灯坏了）被拦下的，而另一些司机是因为更严重的问题被拦下的，那么，措辞差异便应该是由违规本身的性质所导致的。抑或，造成这种差异的，是警察的种族，或者是否进行了搜身。

然而，即使保持所有这些因素一致，结果却仍然成立。也就是说，在与黑人群体讲话时，警察的措辞并不那么尊重。即使司机的年龄与性别相同，在城镇的同一地区因为同一类型的问题被拦下，警察仍会对白人司机使用更加尊重的措辞。

这种差异并不是由少数行为失常的警察造成的。通过对数百名警察的调查，无论司机是白人、黑人，是西班牙裔、亚裔还是其他人种，这种规律一直存在：黑人司机较容易受到不尊重的对待。

正如一位研究人员指出的那样："只凭警察使用的词语，推测出参与对话的司机种族的概率大约能达到 2/3。"

白人司机更有可能听到这样的用语："还给你，女士。请小心驾驶"，或是"没问题。非常感谢你，先生"。然而，黑人司机却往往会听到一些截然不同的话，比如"我能再看看你的驾照吗？"，或者"好了伙计，帮我个忙，现在就把手放在方向盘上"。[1]

这些看似微不足道的差异累积在一起，便构成了当前普遍存在的种族偏见。

这项斯坦福大学的研究引出了一系列重要问题。我们很容易将警察视为种族主义者，或者把研究结果作为警察有意针对非裔美国人的证据。这当然是审视实验结果的一种视角。

然而，事实可能更加微妙，也更加复杂。

个别警察可能的确是种族主义者。从更为广泛的视角来看，鉴于个别警察在部分广受关注的案件中采取的行动，这几乎是个不可否认的事实。

1　种族甚至会影响音调等微妙的元素。在与黑人司机交谈时，警察听起来更加消极。他们显得更加警觉，不那么友好和恭敬。另外，与对待白人司机相比，他们更倾向于对黑人司机用居高临下的语气说话。不难理解，这些语气上的差异产生了重大的影响。与对白人司机使用的语气相比，警察对待黑人司机的语气会降低人们对警局的信任，并让人感觉警察对群体不太关心。

但即便如此，即使不是有意而为，区别对待白人和黑人的警察仍非常可观。大多数警察或许并无恶意，只是尽力在难以判断的情况下做出最明智的选择。然而，无论是否意识到，或者是否故意，他们都使用了不同的措辞。这也使得潜在问题的解决难上加难。

因为，想要找出少数坏警察，只需把害群之马揪出来，加以处理就行。然而，想要改变根深蒂固的刻板印象、联想、习惯，以及成千上万警察的反应方式，需要付出的努力不可同日而语。[1]

不过，好消息在于，语言能够对这种问题有所帮助。因为，即便几乎所有的警察都没有恶意，只是想要做出正确的判断，他们的措辞也能凸显出需要改进之处。他们的沟通方式或许真的是无心的，但区别对待却是不争的事实。意识到包括无心之失在内的偏见，当前的局势才有希望有所改变。

1　这并不是说，偏见仅仅出现在交警拦车的案例中。书籍等出版物对亚裔美国人抱有偏见（更容易用消极和阴柔的词语加以形容），诸如此类的文化偏见存在于各种领域。通过认识到这些难以觉察的偏见，但愿我们能够采取行动，着手解决问题。

后记

在整本书中，我们探讨了魔力词汇的力量。无论是我们的用词还是措辞的方法，都会对我们的幸福和成功产生巨大的影响。用对词汇有助于我们说服他人，加深人际关系，实现更加有效的沟通。

首先，我们讨论了调动身份认同和能动性的词汇。这些词语不仅可以用来传达要求或信息，还能够表达掌握权力的是谁、承担责任的是谁，以及行为背后的意义。我们学会了如何通过将行动转化为身份来增加我们的说服力（例如，"帮助"和"帮手"，"投票"与"选民"），通过将"不能"变为"不"来坚守自己的目标，通过将"应该"转化为"能够"来更有创意地解决问题。我们探讨了为什么与自己对话是减少焦虑和提高表现的有效工具，以及像"你"这样的第二人称何时有益，何时有害。

接下来，我们探讨了传达信心的词汇。除了交流事实和观点，语言还传达了我们对这些事实和观点的信心。我们明白了为什么律师说话的方式与其分享的事实一样重要，如何更有权威地说话，以及为什么应该将过去时变成现在时（比如，为什么说一家餐馆"有"美食而不是"曾经有"美食，会更有可能吸引顾客的光临）。在这一章中，我们也学习了让沟通者显得更可信、更值得信赖且更权威的词汇，以及在什么情况下表现确定好过怀疑。另外，我们也讨论了不适合使用模糊限制语（例如"能够"或"我认为"）和表露犹豫（例如"嗯"或"呃"）的时机，以及这些用语在什么情况下不那么有害。

第三种用语，是问对问题的词汇。我们通常认为，提问的目的只是帮助我们收集信息，但其功能远远不止如此。我们了解到，为什么寻求建议会让我们显得更有能力，以及为什么在闪电约会中多提问题会增加获得第二次约会的可能性。除了一般问题的好处之外，我们还了解了哪种类型的问题最为有效，以及提出这些问题的合适时机；为什么跟进问题尤其好用；如何用问题转移敏感话题；如何避免乱做假设；如何通过恰到好处的提问顺序，拉近与包括陌生人和同事在内的任何人的距离（安全起步，稳步推进）。

我们探索的第四种用语，是利用具象性的词汇。无论交谈的对象是客户、同事、家人还是朋友，我们都经常会成为"知识的诅咒"的受害者。我们会以一种笼统概括的方式交流，认为这种方式很容易理解，但实际上却超出了听众的理解范围。语言的具象性，能够帮助我们解决这一问题。我们讨论了如何表现出你在认真倾听，为什么说"解决"而非"处理"问题能提高顾客满意度，以及为什么说"灰色 T 恤衫"要比说"上衣"更能增加销量。我们探索了为什么具体而生动的语言有助于证明我们在倾听，能够更好地吸引注意力，并使想法更容易理解。与此同时，我们也探讨了何时适宜使用抽象语言，以及为什么抽象语言有助于初创公司筹集资金或某个人彰显领导潜质。

接下来，我们探讨了激发情感的词汇。有的时候，我们认为事实有助于提高思想的感染力，但事实往往并非如此。情感性用语是吸引注意力、抓住听众、说服人们采取行动的有力工具。我们探索了一个好故事的要素，以及情节的低点为何能让高点更加具有感染力。同时，我们谈到了考虑语境的重要性，以及在思考时不只是以积极与消极情绪作为出发点的意义。我们讲到，"真棒"和"优秀"都是积极的用词，但具体使用哪个，要取决于我们所处的环境（该环境是更注重娱乐性还是实用性）。另外，我们还学到了如何通过对各种主题的演示文稿、故事和内容加以设计，从而调动起观众的兴趣。

我们探索的第六种用语，是利用相似性（和差异性）的词汇。我们了解了为什么写作风格与同事更相似的人更有可能得到晋升，为什么说话方式更相似的两人更有可能继续进行第二次约会。但是，为了避免让大家觉得相似性在所有情况下都适用，我们也讨论了差异性词汇更加好用的场合及其背后的原因。此外，还有为什么与众不同、歌词别出心裁的流行歌曲更容易被人记住；语言如何有助于量化故事的节奏，发展快速的情节何时能比慢速的情节取得更好的效果；如何从电影、电视节目和书籍的体量和迂回度推测其成功或失败。

这6种魔力词汇各不相同，却能在生活的方方面面对我们产生助益。

此外，前六章关注的是语言的影响，即如何运用单词和短语来影响他人，最后一章则探索了语言的另一个神奇之处：语言如何让我们获取关于创作者的个人和集体的信息。参考了研究人员如何在不读剧本的情况下判断出一部原稿遗失已久的戏剧出自莎士比亚之手；为什么潜在借款人在贷款申请中的措辞会揭露其违约的可能性；针对数十万首歌曲的分析，如何回答了音乐是否歧视女性（以及这种情况是否随着时间的推移而有所改善）这个存在已久的问题；另外，警察的用语如何揭示难以觉察的种族偏见的蛛丝马迹。

我们通常会用"魔力"来形容那些具有惊人威力的语言。比如说，通过"急急如律令""唵嘛呢叭咪吽"和"芝麻开门"这样的咒语，魔术师和神秘主义者便能让看似不可能的事情变为现实。

的确，正如我们在整本书中所展示的那样，在正确的时间使用正确的用语，可以让词句迸发出巨大的魔力。这些词句可以帮助我们说服同事和客户，抓住观众和熟人的注意力，并与伴侣和同辈拉近关系。

这些语言的影响看似神奇，但我们不必成为魔术师就能加以利用。事实上，这些词句不是咒语，也不是来历不明的惊天之谜，只需掌握人类行为的科学，就能加以利用。

通过了解魔力词汇的原理，任何人都可以将这神奇的力量为己所用。

这本书以一个关于贾斯帕的故事开始，讲述他如何发现"请"这个字的神秘力量。随着贾斯帕一天天地长大，他就像一块海绵一样不断地学习，观察他如何发现字及其意思的过程也非常有趣。有一天，他冷不丁用起了不知从哪儿听来的"基本上"这个词。还有一次，他突然声称自己"现在"就要某样东西，估计也是从别处听来的吧。

除此之外，他还开始批评我的措辞。有一天，我告诉他我"需要"他穿上外套。他反驳说，我不是"需要"他穿上外套，而是"想让"他穿上外套。他还会怎样语出惊人，让我们拭目以待吧。

有一项研究，让我思考良多。

为人父母的感觉，往往和牧羊犬有点相似。你的工作是鼓励孩子朝着正确的方向前进，但大多数时候，孩子却偏偏对做其他事情更感兴趣。因此你必须连哄带骗、软硬兼施，叫他们把鞋子穿上，提醒他们不要推搡妹妹，然后拿出稍微强硬一些的语气，再一次叫他们把鞋子穿上和不要推搡妹妹。

相比之下，表扬就似乎容易多了。当孩子靠自己解决问题，展示自己的画作，或者在数学考试中拿了"优秀"时，都是提出祝贺和表扬的好机会。

然而在 20 世纪 90 年代末，哥伦比亚大学的两位行为科学家却想要看一看，我们提出表扬的方式会不会也发挥一定的作用。具体来说，是研究在给予肯定时使用某些词语，是否会对人们的积极性产生影响。

他们找了一群小学五年级的学生，让他们解决一些抽象推理问题。比如观察一系列图形，然后在几个选项中找出下一个图形。

学生们做了几分钟的题后，研究人员便开始对他们的表现给予反馈。第一组的所有学生都被告知做得很好（"哇，这些题你答得真棒"），但除此之外，他们还对一些学生的能力给予了表扬——在这项实验中，他们表扬的是学生的智力（"你一定很擅长解这种题吧"）。

研究人员之所以这样措辞，是因为这是对出色表现的一种标准的表扬方式。当学生找到正确答案或员工解决了棘手难题时，我们经常会称赞对方的智力。我们会使用"聪明"或"脑子好使"这样的表扬，认为这会鼓励他们继续学习、认真工作或努力付出。而研究人员想要知道，在遇到难题或失败等逆境时，受到表扬的人会如何应对。

因此，在得到最初的积极反馈后，学生们拿到了更困难的问题。而这一次的反馈却是，他们的表现很差（"比上次差得多"），而且解出的问题不到全部问题的一半。然后，这些学生拿到了难度与第一组相似的第三组问题，研究人员继续对他们的表现进行了观察。

结果表明，最初没有受到表扬的学生（第二组）的表现和以前一样，也就是没有更好，也没有更差。他们正确解出的问题数量与之前差不多，而且过程轻松愉快。

那些能力（智力）在最初得到表扬的学生反倒表现更差。对能力的赞扬非但没有提高他们的表现，反而起到了反作用。被表扬聪明的学生解出的题目数量不及之前，甚至要比那些根本没有受过表扬的学生更差。

除此之外，这种表扬还会产生许多其他的负面影响：赞扬学生的智力不仅会让他们表现得更差，也会让他们对解题的喜爱程度以及坚持解题的热情下降。

对能力进行表扬，改变了学生看待事物的视角。这种表扬不会让他们对学习产生兴趣或是享受解题的乐趣，而会让他们将解题视为一种展示自己聪明才智的机会。智力变成了一种非黑即白的东西，要么具备，要么不具备。如果成功意味着聪明，失败就意味着愚蠢，这样的理念，挫伤了他们在遇到挫折时努力坚持的动力。

然而，这并不意味着所有的赞美都是有害的。

对于第三组学生，研究人员在表扬时用了略有不同的措辞。研究人员没有赞扬学生本人，也没有夸赞学生有多聪明，而是对过程，即学生付出的努力进行了表扬（"你一定为解题付出了很多努力吧"）。

正如我们在本书中讨论的许多方法一样，二者之间的差异可能看似微不足道。毕竟，第一组和第三组学生都被告知自己表现很好，且表扬的话语中只有几个单词不同。

然而，这区区几个单词却起到了巨大的作用。对过程或学生的努力付出提出表扬，不但不会挫伤学生的积极性，还会鼓励他们继续坚持。受到这种表扬的学生更有干劲，能解出更多的难题，也更享受这种体验。他们更感兴趣的是学习，而不仅仅是拿出好的结果，这种心态上的转变，让他们的表现更加优秀。

称赞别人很聪明、擅长数学，或是个伟大的演讲者，意味着他们的表现取决于一个固定的特质。如果在考试中取得好成绩，他们就拥有这种特质，但如果成绩不佳，那就意味着他们没有这种福分。也就是说，他们不具备成功所需的条件，而且无力改变这种现状。

但是，如果改变措辞，将这种反馈改述为对过程的表扬，则更有可能达到预期的效果。称赞某人做得很棒，在考试或演讲中表现得很好，这种表述不太强调固定的特质，而是更多地关注眼前的实例。[1] 也就是说，如果偶尔遇到进行得不太顺利的情况，这并不是失败或能力匮乏的标志，而只是一次提醒我们需要再接再厉的失误而已。

原来，区区几个（魔力）词汇，就能带来如此神奇的效果。

---

1 "干得好，你一定付出了很多心血"及"你肯定努力学习了，你的进步就是证明"也属于此类表述。

附录
自然语言处理应用参考指南

这本书主要面向个人，我们可以从书中了解到，通过学习新的语言科学，我们如何能在个人和职业生活中增加影响力，取得更大的成功。

然而，书中列出的工具对于公司和机构来说同样有效。以下，是几个关于利用这些工具的例子。

客户分析

许多公司都将自然语言处理运用在客户分析领域，也就是利用客户或潜在客户的文字或语言，预测其未来行为或促进预期的结果。

以分解问题为例。一些客户可能会遇到问题或进行投诉，但是，我们如何判断该将这些信息反馈到哪里呢？通过分析客户的语言，我们可以更好地了解他们想要达到的效果，以及该让他们和谁沟通。我们甚至可以使用机器学习来找出那些更有可能取消服务的客户，并尝试采取干预行动。

同样的理念也适用于潜在客户。社交媒体数据提供了丰富的信息，让我们了解这些人的身份和感兴趣的领域。公司可以利用这些信息对广告进行定位，根据客户转化的可能性来决定向哪些人展示哪些信息。例如，"类似广告受众"的功能，就可以用来寻找与现有客户在可观察属性上极尽类似的人，以此确定哪些潜在客户最可能对产品或服务产生兴趣。

公司还可以使用语言来了解即将推出的产品或需要解决的问题。有一种叫作"社群聆听"的方法，可通过梳理社交媒体数据来了解人们对产品、服务或理念的讨论。例如，酒店可能会发现许多消费者都在抱怨床铺，并就此做出改善；制药商则可能会了解到药品刚出现不久的副作用或用户的担忧。

另外，同样的数据也可以用于新产品的开发。通过了解消费者对现有产品和服务的不满，公司可以判断如何对新产品和服务进行最有效的改进。同样，我们也可以利用互联网搜索数据来了解市场上的机遇，或者人们的兴趣点集中在哪里。

法律案件

在法律案件中，我们也可以对语言加以巧妙利用。假设一家洗衣粉品牌被指责存在"漂绿"[1]行为。这些指控表明，该品牌一直打着环保的招牌进行虚假宣传。标准的做法，可能是请专家就他们所认为的真相发表意见。例如，原告的一名专家可以突出一条具体的广告，并表示，因为广告中出现了树木或地球的图片，这必定意味着品牌是在宣传自己的环保性。

这个观点的确有力，甚至可能是正确的，但问题是，这只是一个观点或见解，具有很强的主观性。

面对完全相同的广告，辩方的专家可以根据他们所支持一方的利益，产生完全不同的意见。例如，广告中还谈到了有效的去污效果，因此，他们可以利用这一点来表明该品牌其实并没有声称自己环保。

那么，到底哪一方是正确的呢？

针对事实的真相，与其让两方专家各自做出猜测，不如利用文本分析，它可以提供一个更符合实际的解读。通过汇总该品牌各种广告（或在社交媒体上发布的帖子）中的语言，我们可以对实情有一个更准确的了解。

统计每个单词的数量，就是一个易于操作的开始。列出与环境有关的词汇（例如地球、环境、环保等），并统计相关单词出现的次数。这些单词至少出现过一次的广告或社交媒体帖子，占总数的百分比是多少？此外，这种用语是否长期经常出现，还是只出现在特定地区播放的部分广告中？

1　泛指企业、机构等夸大宣传或虚构在环保方面做出的努力，实际情况与宣传不符。——译者注

更复杂的技术，可以揭示出更多的信息。将洗涤剂品牌使用的语言与其他环保品牌（例如，七世代或汰渍植物配方洗衣液）或非环保品牌（例如，格尼[1]或常规配方汰渍）进行比较，我们便可以得到更客观的答案。

利用数十个其他品牌的数千个广告或帖子的数据，我们便可以训练机器学习分类器，识别具体广告或帖子是否在大力宣传某个品牌的环保性。接下来，将上文讨论的洗涤剂品牌的广告和帖子输入分类器，我们便可以从整体了解该品牌是否在打环保牌。

利用类似的技术，我们还可以衡量某个酒类品牌的广告是否针对年轻人，或者某位政客的言论风格更偏向民主党还是共和党。

自动文本分析可以把我们带回过去，因此对于诸如此类的案例尤其有效。

例如，一家科技公司被指控存在虚假广告宣传问题。该公司在几则广告中声称其笔记本电脑"身轻如羽"，一起诉讼称，该虚假声明会诱导消费者购买。

一种标准方法是利用问卷调查。选择一组消费者，向他们展示广告，看他们是否比没有看到广告的消费者更有兴趣购买该笔记本电脑。

---

1 宝洁旗下洗涤剂品牌。——译者注

遗憾的是，这种做法仍然不能解决问题，因为尽管调查结果显示了消费者在当前看到广告的反应，却无法准确代表他们在几年前看到广告时的反应。这是因为，语境出现了变化。某种具体声明在两年前可能会产生某种效果，但在当前却可能产生完全不同的效果。

因此，除非我们能发明一台时光机，否则就难以判断两年前人们的感受。

但是，文本分析却能够做到这一点。

通过对社交媒体帖子或产品评论进行分析，我们可以更好地了解消费者是否注意到了"身轻如羽"的声明，以及该声明是否影响了他们对该笔记本电脑的态度。例如，通过审读消费者在广告播放前后对该产品发表的评论，我们可以了解这些广告是否让他们对产品的看法有所改善。同样，通过深入研究这些评论的内容，我们不仅可以看到消费者是否给出了更多积极的评论，还可以看到其中是否真的提到了该笔记本电脑的重量等属性。

大众传媒上的用语同样很有用。通过分析报纸文章中针对产品所用的词汇，我们便可以看到媒体是否真正留意到了品牌所做的声明。

时间旅行虽然仍不可行，但文本分析却使一种新的"考古方式"成为可能。就像古代文明的化石或琥珀中保存的昆虫一样，几十年前的思想、观点和心态，也都隐藏在数字语言中。而自动文本分析则提供了一把钥匙，让我们解锁隐藏在语言中的种种洞识。

一些好用的工具

这本书主要讲述了各种从语言中获得的见解，但一些读者或许也想尝试书中提到的工具。以下是两个容易上手的工具：

* https://liwc.app/：这是一款根据各种心理因素给文本评分的好用工具。

* http://textanalyzer.org/：这款便捷的工具可以根据多种标准为文字打分，还能从文字中提取基本话题或主题。

如果大家对更复杂的工具或者如何在不同环境下运用这些工具感兴趣，以下两篇最近发表的综述论文，对各种方法论进行了探讨：

* Jonah Berger and Grant Packard, "Using natural language processing to understand people and culture." *American Psychologist*, 77(4), 525–537.

* Jonah Berger, Ashlee Humphreys, Stephen Ludwig, Wendy Moe, Oded Netzer, and David Schweidel, "Uniting the Tribes: Using Text for Marketing Insight," *Journal of Marketing* 84, no. 1 (2020): 1–25.

致谢

　　如果没有格兰特·帕卡德，这本书就不可能完成，他是我的合作者、同事和挚友，我所知的关于语言的一切，几乎都离不开他的传授。在接下来的岁月里，希望我们之间的愉快合作能够长久持续。感谢霍利斯·海姆鲍奇（Hollis Heimbouch）和詹姆斯·奈哈德（James Neidhardt）一路上为我提供的宝贵反馈，感谢吉姆·莱文（Jim Levine）始终如一的指导和支持，感谢诺亚·卡茨（Noah Katz）在数据和参考资料上的帮助。感谢玛丽亚和杰米，是你们把我带入了这个充斥着语言之谜的新世界；感谢杰米·佩内贝克（Jamie Pennebaker）在这个领域所做的所有令人惊叹的贡献；感谢莉莉和卡罗琳对读书的热爱。最后，感谢乔丹、贾斯帕、杰西和佐伊，感谢你们让每一天都充满了魔力。

图书在版编目（CIP）数据

魔力说服 ／（美）乔纳·伯杰著 ； 靳婷婷译 .
北京 ： 北京联合出版公司，2025. 1. -- ISBN 978-7
-5596-7879-9

Ⅰ．F272.9

中国国家版本馆 CIP 数据核字第 202465T8E3 号

北京市版权局著作权合同登记 图字：01-2024-5326 号

MAGIC WORDS: What to Say to Get Your Way by Jonah Berger

Copyright © 2023 by Social Dynamics Group, LLC.

Published by arrangement with Harper Business, an imprint of HarperCollins Publishers.

魔力说服

作　　者：［美］乔纳·伯杰
译　　者：靳婷婷
出 品 人：赵红仕
责任编辑：徐　樟

北京联合出版公司出版
（北京市西城区德外大街 83 号楼 9 层　100088）
嘉业印刷（天津）有限公司印刷　新华书店经销
字数 182 千字　880 毫米 × 1230 毫米　1/32　印张 8.5
2025 年 1 月第 1 版　2025 年 1 月第 1 次印刷
ISBN 978-7-5596-7879-9
定价：68.00 元